日本人の9割は正しい自己紹介を知らない

世界標準の仕事プロトコールの教科書

グローバル人材開発アドバイザー
山中俊之

祥伝社

世界標準のプロトコールでは

○○商事の鈴木です。第1営業部に所属しております。
よろしくお願いします。

どこがよくないんだろう？

世界標準のプロトコールでは

私は鈴木健二です。健二と呼んでください。中東やアフリカでの資源開発を長く担当してきた資源・エネルギーのプロです。あ、会社は○○商事です。

自己紹介では、自分の専門性をうまく出すことが重要です。

世界標準のプロトコールでは

私ごときが、このような場でお話しするのはふさわしくありません。

丁寧なつもりだったのに……。

世界標準のプロトコールでは

ご指名いただき、ありがとうございます。お話しさせていただきます。

過度の謙譲は、日本でも海外でもよくありません。

世界標準のプロトコールでは

おかげさまで、同じ会社に生涯勤務することができました。

退職の際の決まり文句だけど？

世界標準のプロトコールでは

はじめに入った会社にどうしても合わず、転職しました。社風がまるで異なるので最初は戸惑いましたが、ここが踏ん張り所と思ってがんばりました。結果的に、転職が自分の成長のバネになりました。

海外では、同じ会社にずっと勤務してきたということは「ひとつの会社にしか雇用されなかった残念な人」と見なされます。

世界標準のプロトコールでは

立食パーティーで、会いたいと思っていた相手を発見！
しかし、別の人と話していた。そのとき、
ふたりの会話が終わるのを近くで待つ。

これが正しいマナーじゃないの？

世界標準のプロトコールでは

立食パーティーで、会いたいと思っていた相手を発見！
しかし、別の人と話していた。そのとき、
別の人にも自己紹介して、一緒に話を始める。

パーティーは不特定多数の人と会話を楽しむ場であり、
知らない人との出会いを楽しむ場。

まえがき

▼「三菱《みつびし》商事の鈴木です」と言う自己紹介は、世界標準ではありません！

ビジネスの現場で、「三菱商事の鈴木です」のような形の自己紹介をしていないでしょうか。

三菱商事は学生人気ナンバーワンの超優良大企業なので、このような形で取り上げさせていただきました。決して三菱商事に悪意があるわけではありません（三菱商事の皆さん、勝手に使用して申し訳ありません、特に鈴木さん！）。

このような会社名から入る自己紹介は、日本国内では一般的なのですが、海外であれば実は×なのです。

どこがよくないのでしょうか？

文法的に問題があるわけではありません。また、海外でも自己紹介の際に会社名を言うこと自体はよくあります。

問題は、自分の会社の所属をまず言っている点です。これは、専門性や個性を大事にする世界標準のプロトコールと齟齬《そご》があります。ちなみにプロトコールとは、コミュニケーション上のルールといった意味です（のちほど詳しく説明します）。

まず会社名から言うパターンを、「～に属しています」の英訳から「**belong to**」**スタイル**と呼んでいます。

一方、M&A専門の金融マン、システムエンジニア、○○の営業パーソンといった何者であるかがまず来るような言い方を、「私は～である」の英訳から「**I am**」**スタイル**と呼んでいます。

世界標準のプロトコールでは、「I am」スタイルが正しいのです。たとえば、「わたしは鈴木健二です。健二と呼んでください。中東やアフリカでの資源開発を長く担当してきた資源・エネルギーのプロです。あっ会社名ですか？　会社は三菱商事です」が世界標準のプロトコール上、正しい自己紹介となります。

「belong to」スタイルから「I am」スタイルに変えることは、世界標準のコミュニケーションプロトコールのひとつです。

さほど難しいことではありません。世界標準のプロトコールを知っていれば、世界で通用するビジネスパーソンに大きく近づくのです。

▼日本流のごく普通のやり取りが、世界標準ではプロトコール違反に！

「もう一杯いかがですか」

「結構です」

「いやもう一杯」

日本の居酒屋でよく聞くやり取りですね。

でもこれと同じことをアメリカ人やイギリス人にすると、違和感を持たれます。

なぜなら、一旦「結構です」（No thank you.）と言うと、本当にいらないと思っているからです。それにもかかわらず「もう一杯」を強要すると確実に嫌がられます（その外国人が日本の風習に慣れている場合は別です）。

これは、日本のプロトコールと世界のプロトコールがずれているために生じるのです。

日本は、社会や人間関係の儀礼やルールが高度に発展した国です。そのため、**日本のプロトコールで対応するとかえって誤解を与えることが多い**のです。

この誤解はビジネス上の齟齬となり、取引上の機会ロスになります。

一方**世界標準のプロトコールを踏まえて対応して関係が進展すると、大きなビジネス上の成果になる**のです。

▼学校では教えてくれないが、外務省入省以降に身につけることができた

グローバルコミュニケーションのプロトコールは、学校では学ぶことができません。

大学や高校では、外国語自体の勉強か政治経済や歴史文化の勉強はしますが、**外国語と歴史文化を繋《つな》ぐ役割を果たすグローバルコミュニケーションのプロトコールについては教えてくれません。**

しかし、わたしの場合は幸いにも、

・外務省出身で累計で120カ国以上の国々の出身者と交流できた。
・ビジネスに転身して世界の一流と言われるビジネスリーダーと交流した。

・研修でビジネスパーソンからの1万を超える質問に鍛えられた。
などの理由から、世界標準のコミュニケーションのプロトコールについて、見識を得る機会に恵まれました。

わたし自身がコミュニケーションにおける世界標準のプロトコールを本格的に意識するようになったのは、大学卒業後、外務省に入省してからでした。

外務省入省1年目の本省での勤務の後、入省2年目、1991年夏にエジプト・カイロに赴任。その後英国、サウジアラビアでの勤務を経験しました。

英国ではケンブリッジ大学に留学し、全世界から集まった留学生と連日夕食を共にしました。政治・経済はもとより、世界のさまざまな文化や芸術について徹底議論し、毎日が会食という日々で、世界各国の留学生と交流ができました。各国の違いを意識しながら、どのような立ち居振る舞いや会話が相応《ふさわ》しいのかを学ぶことができたと思います。

サウジアラビアでは、大使館員として通訳などを経験する一方、サウジアラビアの政府関係者やジャーナリスト、各国外交官と交流を深めました。この時期に会食を多数経験したことや政府機関と公的な文書を交換したことにより、世界標準のプロトコールを実体験できました。

▼世界のビジネスリーダーとの交流で、「世界標準」の実態に触れる

その後外務省を退職しビジネスに転身、日本総研というコンサルティング会社に勤務の後、独立しました。

外務省時代を含めてこれまで約70カ国視察して、120カ国以上の人々とビジネスミーティング、国際会議や会食・パーティーで交流する機会を持ちました。

現在は、日本企業や外資系企業において、グローバルリーダーシップやマネジメントに関する研修、企業・公共団体のアドバイザリー業務を多数担当させていただいています。

外資系企業における研修では、アメリカ人をはじめとする外国人経営者とパートナーを組み、外国人の人材開発担当者とともに研修を行なっています。

大変にありがたいことに、これまで研修やセミナーにご参加いただいた方の人数は累計で3万人を超えています（国内でのマネジメントやリーダーシップをテーマとするものも含みます）。

また、**スイスのコーに世界の経営者が集う「経済人コー円卓会議」や世界最大の人材開**

発団体である「ＡＳＴＤ」（American Society for Training and Development）などの国際会議・セミナーで、企業経営や人材開発に関して世界各国の経営者や人材開発の専門家と、数多くの議論をしてきました。

このような交流や議論を通じて、ビジネスの現場で必要とされる世界標準のコミュニケーションプロトコールに触れる機会が多々ありました。

▼1万を超える質問によって分かった日本人コミュニケーションの弱点

1回の研修ワークショップで20から50の、グローバル理解や人材育成に関する質問やコメントをいただきます。

同分野だけで300回以上の研修ワークショップを経験していますので、ビジネスパーソンから受けた質問の数は累計1万以上になるでしょう。

わたしの研修に来ていただく受講生は、次世代幹部候補や海外赴任予定者、人事担当、海外ビジネスの企画担当者が中心です。その会社の幹部やエース級の方ばかりといえるでしょう。日本人以外が対象のこともあります。

そのような方たちと話をしていても、日本人ビジネスパーソンの場合、

「海外での自己PRは重要なことは分かっているけれど、外国人に囲まれるとどうもがちがちになってしまって……」

「欧米人が英語で話をしているパーティーに出ると、雰囲気に飲まれてしまってなかなか会話ができない」

「海外出張の際、英語での打ち合わせの後は疲れるので、会食は日本人と日本語でしている」

「英語での会議でどうしても言いそびれてしまう」

といった声をよく聞くのです。

また、前向きな観点からの質問として、

「今後コミュニケーションを取るうえで、国や地域によってコミュニケーションや商習慣上で注意するべき点を教えてほしい」

「日本人のよさをうまく伝達できないか」

といった質問も多数寄せられます。

日本人は細やかな心配りや相手への敬意といった強みをすでに持っています。

一方で、海外でのコミュニケーションには苦手感覚を持っているビジネスパーソンが多いのです。そして何よりも、**世界での作法ともいえる「プロトコール」が日本のビジネスパーソンの間でほとんど知られていません。**

世界標準のコミュニケーションのプロトコールを身につけることで大きくキャリアが展開できると思い、本書の執筆に至りました。

▼世界標準の自己PRノウハウは、ドメスティック企業のビジネスパーソンにも必須

これまでの話に対して、

「世界ではそうかもしれないが、自分は国内畑だから関係ない」

「海外ビジネスをする人向けの特別の話だ」

と思われる方もいらっしゃるのではないでしょうか。

これまで述べた話は、国内でも通用するものです。その理由は3つあります。

第一に、国内のさまざまな習慣がグローバル化していく中で、**国内のコミュニケーショ

ンも世界標準のものに変わっていくためです。

日本人中心の日本企業に勤務していても、取引先は外資系企業であるかもしれません。あるいは、取引先の競合が外資系かもしれません。世界標準のコミュニケーションについて一定の理解がないと、国内営業でも競い敗けてしまうのです。

購買も含めて海外と一切取引がない会社は、稀《まれ》ではないでしょうか。

さらに、自分の勤務する企業が、いつ外資系企業に買収されるかもしれません。わたしたちの勤務環境は間違いなくグローバル化の波の影響を受けるのです。

第二に、**世界標準のプロトコールの中に、日本人同士のコミュニケーションを改善するための秘訣が詰まっている**ことです。

ビジネスパーソンとは、何かしらの専門性によって相手に貢献する人たちのことです。冒頭の三菱商事の鈴木さんの場合、勤めている会社の名前が重要なのではありません。自分の専門性によって、顧客である相手の役に立つことが重要なのです。

したがって、専門性のＰＲは相手が日本人であれ外国人であれ、本来的に必要なことと言えます。

第三に、このような世界標準のプロトコールを知ることで、**海外に目を向けるきっかけ**になります。

わたしたち日本人は、日本人の見方・考え方でビジネスをしてきました。しかし、それだけでは国内志向のガラパゴス化が進んでしまいます。世界標準を常に気に掛けることでより海外に目を向けるマインドが醸成され、ビジネスの可能性は大きく広がります。

このように世界標準のプロトコールを身につけることは、すべてのビジネスパーソンにとって大きな意味のあるものなのです。

▼本書の構成

本書は、大きく5つの章でできています。

第1章「『知りませんでした』では許されない～世界標準のプロトコール8原則」では、世界のプロトコールの何たるかをお話しします。世界標準のプロトコールの原則を知ることで、自らのビジネススタイルを変えていく提案をします。全体の総論部分です。

第2章以下は各論になります。関心のある章から読み進めていただいても分かるようになっています。

第2章「自己PRの3つの黄金ルールと10の技術」では、世界の達人が実践している自己PRの例から、日常のビジネスに活用できる技術についてお話しします。

第3章「会談・商談の3つの基本プロトコールと10の技術」はビジネスでの会談・商談で知っておくべきルールや技術について説明します。

第4章「会食・パーティーを盛り上げる10の技術とすべらないネタ」では、会食やパーティーにおいて活用できる技術の他に、日本人が苦手とも言われる会食で盛り上がる話題やNGの話題について、地域別・目的別にお話しします。

第5章「日本人の5つの特性を活用して世界でPRする」は、これまでの応用編として、日本人の特性を生かして世界でPRするコツについてお話しします。

本書を手に取っていただき本当にありがとうございます。皆さんのビジネス上の大きな成果の一助になれば幸いです。

目次

日本人の9割は正しい自己紹介を知らない

第1章

「知りませんでした」では許されない

～世界標準のプロトコール8原則

第2章 自己PRの3つの黄金ルールと10の技術

第3章 会談・商談の3つの基本プロトコールと10の技術

第5章　日本人の5つの特性を活用して世界でPRする　205

ブックデザイン——盛川和洋
図版作成——j-art
写真協力——共同通信社
Klaus Vedfelt/Iconica/
ゲッティ　イメージズ

第1章

「知りませんでした」では許されない

～世界標準のプロトコール8原則

日本人の9割は

正しい自己紹介

を知らない

ソチオリンピックのスノーボード女子パラレル大回転で銀メダルを獲得した、竹内智香《たけうちともか》選手。

金メダルを賭けた最後の滑走のゴール直前に転倒したシーンを覚えておられる方も多いと思います。

転倒の後ゴールした竹内選手は、金メダルを獲得したスイス人選手に駆け寄ってお祝いのハグをしました。

勝ち負けに関係なく競技が終わったらお互いを賞賛し合う——オリンピックをはじめ世界のスポーツの世界でよく見る光景ですが、これはスポーツの世界における世界標準のプロトコールです。

負けたからといって、競技終了後ハグも握手もせずにさっさと退場したら周りの人はどう思うでしょうか。非難が巻き起こると思います。その選手を応援する人も少なくなるでしょう。

ビジネスにもプロトコールがあります。ビジネスにおける世界標準のプロトコールは、日本にいて日本人とのみ付き合っていると、分かりにくいものです。

しかし、世界標準のプロトコールを知らないと、海外では相手の顰蹙《ひんしゅく》を買ってしまい、確実にビジネス面で損をしてしまいます。

▼プロトコールとは「ルールであり、潤滑油」

外務省のホームページによると、プロトコールとは、「国家間の儀礼上のルールであり、外交を推進するための潤滑油」とされています。

これをビジネスの視点で捉え直すと、国家間だけではなく、「国を超えてビジネス展開するビジネスパーソンのビジネス人間関係構築上のルールや作法」と言い換えられます。

われわれビジネスパーソンは、ビジネスの実質面の向上に日々取り組んでいます。しかし、それでは実は海外では不十分です。実質面に加えて世界標準のコミュニケーションのプロトコールが加わって、初めて、海外でのビジネスの成果に繋がるのです。

▼プロトコールはヨーロッパから世界に広がった

ところで、プロトコールとは一体いつから始まったのでしょうか。

本書はビジネスのプロトコールについてお話ししていますが、その前提となる「外交におけるプロトコール」について見てみます。

外交におけるプロトコールの歴史については、安倍勲《あべいさお》著『プロトコール入門』（学生社）に比較的詳しく書かれています。同書を基に簡単に概観したいと思います（プロトコールの原則について早く読みたい方は飛ばしてもらっても結構です）。


歴史を遡《さかのぼ》ると古代の中国、ペルシャ、エジプトにおいて、貢物の行列の序列を扱った絵画や遺物が発見されています。古代にも礼儀作法があったことが分かります。

しかし、古代においては複数の国家の関係を促進するために国際儀礼を活用するという考えにまでには至らず、国家の消滅によって儀礼も消えていったようです。

ところが、古代ローマ帝国の滅亡後ヨーロッパで小国が乱立する中世になると、ローマ法王によってヨーロッパの国際関係の処理が行なわれるようになりました。戦争や貢物以外の場面で国際関係が重要な位置を占めるに至ったのです。これがプロトコールの始まりです。

特にフランスは、国際儀礼の形成において大きな貢献を果たしたと言われています。フランス中心に発達した国際儀礼には、以下の二点が強調されていたようです。

第一に、国際儀礼は国際平和の維持に役立つものであること。
第二に、どんな情勢にあっても常に相手国に対して友好的な雰囲気が保てるように心がけること。

その後19世紀になるとアメリカが加わり、ヨーロッパのみのプロトコールから広がり出しました。今日では、全世界において活用されています（以上『プロトコール入門』P21－24から要約）。

以上から言えることは、プロトコールは、
・国家間の儀礼として始まったこと
・多様な形態を取り入れるといってもヨーロッパ起源のものが多いことです。

これらの点を念頭に、現在のビジネス環境で変化したプロトコールのあり方を考えることが重要です。

▼プロトコールには3つのレベルがある

イギリスのエリザベス女王は、世界の元首に会う場合にも労働者階級の家庭訪問の場合にも、相手の状況に合わせてベストの対応ができることで知られています。

つまり、プロトコールというのは決してひとつではないのです。

国や民族はもちろんのこと、所得水準や学歴、個人の価値観などにより、多様なものがあることを認識することが重要です。

世界の中で人の流動性が高まり、ひとつの国にも多様なバックグラウンドの人が集まっています。伝統的なプロトコールが揺らいでいる時代ともいえます。

そのため、プロトコールも3つのレベルに分けて考えるべきです。

第一に、土台となる**世界標準**のプロトコールです。

中世のヨーロッパの時代から発展した、世界共通のプロトコールです。

それがさまざまな世界各国の影響や時代の変化を受けて、現在の世界標準のプロトコールになりました。

第二に、**国・民族・地域等の固有**のプロトコールです。

たとえば、アジアでは相対的に年長者を敬《うやま》う傾向が強いとされています。これらの点はアジアにおけるプロトコールに影響を与えるでしょう。また、イスラム圏での会食では（国や主催者にもよりますが）原則お酒は出ないので、お酒に関するプロトコールはまったく異なります。

第三に、**業界や会社の特有**のプロトコールです。

先ほどお話ししたスポーツにおける競技後のお互いの賞賛は、スポーツという世界でのプロトコールです。また、それぞれの会社独自のルールは、その会社独自のプロトコールと言えるでしょう。

本書では、第1章から第4章までは世界標準のコミュニケーションにおけるプロトコールを中心に説明し、第5章で日本独自の良さを付け加える方法を提案します。

▼ビジネスプロトコールは効率性を重視する

ビジネスプロトコールには、伝統的な国家間のプロトコールと比べて以下のような特徴があります。

第一に、ビジネスでは**国家が前面に出ません**。

これまでお話ししてきたように、プロトコールは国家間の儀礼から発展してきました。しかし、今日ではビジネス自体は国境を問わないものです。そのため、国家単位を前提とする元来のプロトコールとは変わってきています。

むしろグローバル企業と言われる企業ほど無国籍化が進んでいますので、国という概念が希薄になっています。

第二に、**ビジネスにおける効率性が重視**されています。

ビジネスにおいて守るべきルールですから、非効率であってはいけません。省略すべき点は省略して簡易に進める必要があることは言うまでもありません。

たとえば、服装について。ビジネスの現場でタキシードを着ることは、よほど儀式として重要な場合を除き稀だと思います（服装については第4章で再度説明します）。

第三に、**序列に対するこだわりは小さい**。

国家間の関係では、序列が大変にうるさく言われます。大臣に対応するのは大臣か大臣のひとつ下の次官クラスまでといったように、序列が大事になります。

しかし、ビジネスにおいては、そこまで細かくは問われないでしょう。序列を超えて関係を構築する能力が時として求められることも多いのです。

▼日本人だけが知らない、グローバルビジネスのためのプロトコール8原則

以上のような歴史や特徴を持つプロトコールですが、現在のグローバルビジネスに通じるものとして、以下の8つの原則があると考えています。

これらの原則は前掲の『プロトコール入門』や寺西《てらにし》千代子《ちよこ》著『国際ビジネスのためのプ

ロトコール』（有斐閣ビジネス）、友田二郎《ともだじろう》著『国際儀礼とエチケット』（学生社）といった著書を参考にしながら、現在のグローバルビジネスの現状に照らして、コミュニケーションの観点からわたしが整理したものです。

これらは、グローバルコミュニケーションの根底を作る基盤のようなものであり、第2章以下のルールや技術の基になるものです。それぞれについて、詳しくご説明しましょう。

原則1：相手の国・民族を心から尊敬する
原則2：対等関係に基づく相互主義で対応する
原則3：常に相手の立場に立ち相手に恥をかかせない
原則4：身構えず「アフター・ユー」の精神で心に余裕を持つ
原則5：柔軟に臨機応変に対応する
原則6：相手の国や民族についてネガティブなことは話題にしない
原則7：日本人同士で固まり過ぎない
原則8：夫婦単位を重視する

▼お互いが相手を尊敬できる状態に――原則1：相手の国・民族を心から尊敬する

第一の原則は、**相手の国や民族を心から尊敬する**ことです。

お互いが相手を尊敬できる状態にまでなって、初めて真の関係が生まれます。相手に対して尊敬を持つ、自分に対して尊敬の念を持ってもらう、そのレベルまで到達することが重要です。

たとえば、相手国が小国であるとか、経済的に遅れているということで見下したような発言をするのは、絶対にNGです。日本のことを客観的事実として述べることはよいでしょうが、相手国と比較して優劣をつけるべきではありません。

日本は近年経済が停滞していると言われますが、そうはいっても世界第3位の経済大国です（2014年現在）。**世界のどこに行っても、日本という国を知らない人はまずいませんし**、日本が経済大国であることは世界中の誰でも知っています。

しかし、**世界には名前すらあまり聞いたことがない国が多数存在します**。そのような国出身のビジネスパーソンは、まず自分の国の存在を知ってもらうことに腐心《ふしん》します。海外でのパーティーでは多くの国籍の人が参加しますが、その国の存在すらよく知らないというのでは、相手に大きな不快感を与えます。

また、世界には貧しい国や戦争・内戦に苦しむ国もたくさんあります。それらの現状を聞くことはもちろん問題ありませんが、見下すような感覚はみじんも出してはいけません。

さらに、相手の国・民族の歴史や文化、宗教については常に敬意をもって接するべきです。歴史があまりない、文化が遅れている、宗教が違うなどの点から下に見るようなことはご法度《はっと》です。

新興国に進出している日本企業で現地での業績が上がらない企業の場合、よく聞いてみると現地駐在員が現地に溶け込まないばかりか、現地の人々を見下している例が多数あるのが実情です。

たとえば、いやいや新興国に赴任して、「○○人は遅れているからダメ」といった発言をしている駐在員が多い現地法人では、業績はまず上がらないでしょう。

一方的な接待はNG——原則2：対等関係に基づく相互主義で対応する

「相手と対等」というのがプロトコールの基本です。世界には多くの国や民族がありますが、当然ながら対等です。

ビジネス上の関係においても、上下関係を持ち込まないことが重要です。

日本国内のビジネスでは、発注者・受注者、元請け・下請け、大企業・中小企業という序列や上下関係がはっきりとしていて、招待や訪問が一方的であることも多いのではないでしょうか。

大企業の中には、

「○○会社に発注してあげている」

「下請けは常にわれわれのもとに来るべき」

といった感覚の人も少なくありません。

しかし、海外ではこのような上下関係を持ち込まないほうがよいです（事実上の力関係は存在しますし、相手に従わざるを得ないことや逆に相手に従ってもらうことは多々あるでしょうが）。

海外でも会食はあり、その際に主催者が支払いをすることが一般的です（会食については第4章で詳しく説明します）。

しかし、日本のように一方的に接待を繰り返すというのは、業種や国にもよりますが、少ないのです。

大企業だから、先進技術を持っている日本企業であるからといって上下関係を持ち込むことはプロトコール上よくありません。また接待なども、招待されたら次はこちらが招待するといった形で相互主義に徹するべきです。

海外では対等関係に基づいた相互主義を心がけてください。

フィンガーボウルの教え――原則3：常に相手の立場に立ち相手に恥をかかせない

プロトコールというと、「何か粗相《そそう》をして恥をかかないように」と思いがちです。

しかし、「自分が恥をかかない」ことを考えるだけではまだ不十分です。真に相手の立場に立つことが大事です。

「フィンガーボウルを飲んでしまった話」を聞いたことがあるでしょうか。

ある晩さん会で、手を洗うためにテーブルに出されたフィンガーボウルを、飲み物であると間違えて中の水を飲んでしまった招待客がいたそうです。

それを見た主催者が、自分も率先してフィンガーボウルの水を飲み、招待客に恥をかかせなかったのです。

これは、プロトコールの極意が入っている典型的なよい話です。

海外での商談・会談、会食・パーティーなどの席でも、常に相手の立場に立って、
・相手が何か失敗をしても見ないふりをする
・相手が軽微なルール違反をした場合、自分も相手に合わせることで相手を当惑させないなど、**相手の行動に対して恥をかかせないように配慮することが必要**です。

一歩引いて相手に譲る
——原則4：身構えず「アフター・ユー」の精神で心に余裕を持つ

日本人は、海外というと言葉の問題を含めて身構えてしまいがちです。

「海外で成果を出すには語学、異文化理解、交渉力などがあるスーパーマンでないとダ

メ」といった声もよく聞かれるほどです。

しかし、このような緊張感が漂う姿勢や雰囲気こそが、何よりもプロトコールに反しています。

この点で、お勧めなのが「**アフター・ユー（お先にどうぞ）」の精神**です。

イギリスで生活をしていた際に、もっとも頻繁に聞いたのが、この「アフター・ユー」でした。多くの人が行き交う道路でも、何かの順番待ちでも、ドアから入ろうとする時でも、「アフター・ユー」と言って相手に譲ることが普通です。

この言葉を聞くたびに、イギリス人の余裕を感じました。

「アフター・ユー」の精神を活用することで、一歩引いて相手に譲る余裕が生まれるのです。後でお話しする笑顔やユーモアも適宜活用しながら、「アフター・ユー」を実践してください。

ブッシュ大統領の前代未聞の珍事。その時、宮澤《みやざわ》首相は——原則5：柔軟に臨機応変に対応する

プロトコールというと杓子定規《しゃくしじょうぎ》で決まったルールに則《のっと》ることが重要なように思われます

が、決してそうではありません。
相手によって臨機応変に柔軟に対応することが重要です。

わたしがそのことを認識したのは、ジョージ・ブッシュ大統領（父）の来日時の晩さん会での事件でした。

1992年1月にブッシュ大統領が日本に来た際の宮澤喜一《きいち》首相主催の晩さん会で、大統領が気分を悪くして、何と宮澤首相の膝にお吐してその場で倒れるという事件がありました。大統領による前代未聞の珍事です。世界のメディアは、一斉に大きく報道しました。

その時、バーバラ夫人が当日の今上天皇とのテニスでブッシュ大統領が負けたことを引き合いに、「ブッシュ家は負けることに慣れていないのです」と、とっさのジョークでその場を凌《しの》いだのは有名な話です。そして、宮澤首相はあわてることなく、淡々と対応して記者からの質問に答えました。

相手が急に倒れる、おう吐するといった事態においても臨機応変に対応した、よい例だと思います。

私自身の恥ずかしい思い出
——原則6：相手の国や民族についてネガティブなことは話題にしない

どんな国や民族にも、触れられたくないネガティブな歴史があります。また、他国を侵略しているなど現在進行形として世界的に批判されている場合もあります。

それらネガティブなことについては、**話題にしないことがプロトコール上重要**です。

また、**関係の悪い国同士を同席させてネガティブな話題が出るような場を作らない**ことも重要です。

わたしは、この点で大きな失敗をしたことがあります。

カンボジア人が参加している会合で、１９７０年代のポルポトによる虐殺について触れて、「このような負の歴史に向き合って反省して人類は進歩していくべき」と話したことがあるのです。全体の流れとしては、カンボジアの素晴らしい国民性や経済発展、アンコールワットなど世界遺産について多くの時間を割《さ》いたのですが、一部の参加者から「ポルポトの話はしてほしくなかった」という声が会合後寄せられました。

各国や地域ごとに話題にすべきでないNGについては、第４章でまとめています。

▼日本人と喋るのは最後——原則7：日本人同士で固まり過ぎない

海外でのさまざまな国際会議で気になることがあります。

それは、日本人同士で固まり過ぎることです。

日本人を避ける必要はまったくありませんし、かえって不自然ですが、国際会議ではやはり他国の人と大いに交流したいものです。

会食やパーティーなどで日本人だけが日本語で話すというのは、場合によっては大変に失礼なことになります。

わたしは、国際会議で日本人を見つけたら簡単な挨拶《あいさつ》はしますが、あまり長くなり過ぎない程度で切り上げ、まずは外国人の参加者と話をするように心がけます。その後会合がお開きになった段階で日本人がいれば、その段階で話をするようにします。

▼日本人は慣れていないけれど——原則8：夫婦単位を重視する

会食やパーティーなど社交の場では、ビジネス上のものであっても夫婦で参加するほうがよいというのが、世界標準のプロトコールです。

日本人ビジネスパーソンは、夫婦単位で付き合うということに慣れていません。長年仕事上のパートナーであっても、同じ会社の同僚であっても、配偶者については会ったことがないということさえあります。

海外では、一部のイスラム諸国を除き社交は夫婦単位です。イスラム諸国でも夫婦単位が好まれる場合もあります。

外国のビジネスパートナーに対して、「今度是非ご夫婦で食事でもいかがでしょうか」と誘ってみてください。

第2章

自己PRの3つの黄金ルールと10の技術

日本人の9割は正しい自己紹介を知らない

イギリス人の経営コンサルタントとミーティングをしていた時のことです。

相手が「あなたはなぜそんなに情熱的なのか」とわたしの印象を話してくれました。過去の経歴に基づいて、組織や人材の改革の必要性について熱く語っていたからでしょう。熱意のある自己PRを通じて相手の心をしっかりと摑《つか》むことができました。その後の関係が深化したことは言うまでもありません。


第1章では、グローバルコミュニケーションの基盤になるプロトコールの原則とはどのようなものかについて見てきました。

本章では、プロトコールの原則を踏まえた世界基準の自己PRの基本となる考え方と、具体的な実践に繋がる技術を示します。

▼「自己ＰＲ」の方法を学んでいない日本人ビジネスパーソンは、丸腰で戦《いくさ》に行くようなもの

多くのビジネスパーソンは、入社面接の時にエントリーシートに自己ＰＲを書きます。でも社会人になって以降は、名刺交換や挨拶の方法は学びますが、自己ＰＲの方法は学ばないのではないでしょうか。

一方で海外、特に**欧米では、自己ＰＲについては、スピーチなどを通じて子供の時から学んでいるのです。**

小学生くらいの時から、

・自分の好きなもの
・自分の得意なこと
・自分の家族

などについて短いスピーチをする訓練をしています。

大学生になるとアカデミックな点が加わってさらに本格的になります。

自己ＰＲについて磨きに磨いた猛者《もさ》が、世界には多数いるのです。

これでは、ビジネスでも差がついて当然です。

日本人ビジネスパーソンは、海外のビジネスパーソンとは異なり、学校でも会社でも自己PRについて十分に学ぶことなくビジネスという戦場で勝負をしています。丸腰で戦《いくさ》に出ているようなものです。

もちろん、ビジネスは自己PRだけで決まるわけではありません。

価格、製品の品質やサービスの内容その他の条件で決まります。

しかし、**信頼性や熱意の表現を含めた広い意味での自己PRができないと、その入り口のところで終わってしまって、何も始まりません。**

自己PRができるかどうかで、ビジネス人生が大きく変わってくるのです。

▼「言わないでも分かる」から「言わないと分からない」へのコペルニクス的転換

日本人ビジネスパーソンが自己PR下手な理由のひとつに、「お互い分かっているのであまり自己主張をしなくてもよい、言わなくても分かる」という文化があります。

「自分は○○商事の社員。簡単に自己紹介して商談に入ればよい……」

これまでの日本国内での自己PRとしては合格でした。だからこそ、社名をまず言って
それから自分の名前を言う、というパターンが普通だったのです。
しかし、このような自己PRでは、今後は日本国内の自己PRとしてもNGです。

実は、**海外との間で起こる多くの問題が、この「言わなくても分かる文化」のために発生している**のです。

アメリカの文化人類学者で異文化コミュニケーションの大家であるエドワード・ホール
は、コミュニケーションスタイルを文脈や背景を重視する「**ハイコンテキスト文化**」と、
文脈や背景を重視しない「**ローコンテキスト文化**」に分けています。

さまざまな調査研究によれば、日本は、お互い話をしなくても文脈や背景で分かりあえる「ハイコンテキスト文化度」において、世界で最上位ランクに位置付けられています。

この文化的な違いは、簡単に乗り越えられるハードルではありません。文化というのは生まれてこの方、ずっと身についたものです。

これからは、コミュニケーションに関する考え方を大きく変える必要があります。

「言わなくても分かる」から「言わないと分からない」への転換です。生まれ育った文化に反することなので、コペルニクス的な転換が必要になります。

日常的に日本語での会話でも、自分の発言が「言わなくても分かる」パターンになっていないか、常に検証することが重要です。

▼自己PRの達人には共通点があった〜3つの黄金ルール

これまでわたしは、首脳会談、国際会議、ビジネスのミーティングやプレゼンテーションなどで、多くの自己PRの達人に会うことができました。その人たちの発言には、共通の特徴がありました。以下の3つです。

これをわたしは、自己PRの黄金ルールと呼んでいます。この3つを意識し実践するだけで、自己PRは大きく世界標準に近づきます。

自己PRの黄金ルール1：世のため人のために貢献しようという熱意がある
自己PRの黄金ルール2：経歴や専門性によって熱意が裏付けされている
自己PRの黄金ルール3：相手に対して共感を示す

▼自己ＰＲの黄金ルール１：世のため人のために貢献しようという熱意がある

自分や自社の利益のためだけの自己ＰＲには、誰も耳を貸しません。社会全体にマイナスであるＰＲも、長期的な支持を得ることは難しいでしょう。世のため人のためという熱意は、自己ＰＲにおいて大変に重要な役割を果たします。

わたしが毎年参加している経済人コー円卓会議は、社会貢献意欲の高い経営者の集まりです。

経済人コー円卓会議とは、１９８６年にフィリップス社元会長やヨーロッパ経営大学院（INSEAD）副理事長らの提唱で創設された会議です。スイスのコー（Caux）に世界の経営者が集い、私利私欲優先ではないモラルある資本主義を目指して競争のルール作りや、社会に対して企業が果たすべき責任を明らかにすることを目指しています。年に１回開催されるグローバルダイアローグでは、世界経済の現状認識や経営について夜遅くまで議論します。

コー円卓会議事務局長のアメリカ人、スティーブ・ヤングさんはわたしが尊敬する友人です。大学教授から転じて、今はモラルある資本主義の実現に注力されています。

ここでの議論を聞いていると、発言が自分や自社に向かっているのか、社会全体や世界に向かっているのかでPR力がまったく違うことが分かります。**自分の会社のことだけではなく、「社会全体のために」「地球のために」という視点からの発言にはやはりインパクトがあるのです。**

広く世のため人のために貢献しようとするのは、自己PRの出発点です。

▼自己PRの黄金ルール2：経歴や専門性によって熱意が裏付けされている

「熱意はあるけど実績や能力がない」と思われては、自己PRとしては不足しています。経歴や専門性で裏付けていくことが重要です。

このことを痛感したのが、アブシャイア・イナモリ リーダーシップアカデミー（AILA）での故ネルソン・マンデラ氏のご親族でもあるNPO代表の女性シーさんとの出会いです。

AILAは、国際問題の分野で世界最高峰のシンクタンクのひとつと言われる戦略国際問題研究所（ＣＳＩＳ）に設置されていて、京セラ創業者である稲盛和夫《いなもりかずお》さんが、倫理観のあるグローバルリーダーを育成するために稲盛財団から資金を拠出して設立されたものです。

幸いわたしは書類選考と稲盛さんご本人との面接に合格して、２００９年秋と２０１０年春のアカデミーに参加させていただきました。アカデミーでは、リーダーシップや国際情勢、公共政策について多くの専門家の話を聞いて積極的に議論するスタイルがとられていました。

シーさんは、マンデラ氏がまだ獄中の時代に青少年期を過ごし、アパルトヘイト下の南アフリカの黒人への厳しい差別や貧困の現実を経験しました。白人政権の政府機関から冷たい扱いを受けたこともしばしばだったそうです。

アパルトヘイト終了後も黒人の貧困問題はなくなりません。そこで彼女は、経済開発のためのＮＰＯを立ち上げ、貧困問題に熱心に取り組んでいるのです。

彼女の強烈な経験と経歴が熱意に密接に連動しているので、大変に説得力がありました。

平均的な日本人ビジネスパーソンの場合、ここまでの経歴や専門性がない場合のほうが多いと思います。

その際は、**その分野を必死に勉強している、取り組んでいるということで補う**べきです。たとえば、中国ビジネスについて熱く語ってもまだ専門性や実績が少ない場合は、「中国語を必死に勉強している」ことを話せばよいのです。

▼自己PRの黄金ルール3：相手に対して共感を示す

自己PRの達人の話には、冒頭に何らかの共感を示す言葉が入っています。

第一に、**その場に呼んでもらったことやお会いできたことへの感謝**です。

お勧めなのは、自分が何か話をするように指名された場合に、「ご指名いただきありがとうございます」（Thank you very much for having me.）といって話し出すことです。

このような場合、「私ごときがこのような場でお話しするのは相応《ふさわ》しくない」などといった**過度の謙譲は、日本でも海外でもよくありません**。

第二に、**自分と相手国との関係**を話す。

・旅行で来たことがある

・○○国の映画を見て感動した

・〇〇国の小説を読んだ
・親戚が相手国の人と結婚した
……なんでも結構です。自分とその国の関係を話すことです。


第三に、**歴史や文化に関する尊敬**を示す。

たとえば、中国での講演で、

「日本人ビジネスパーソンは、中国の数千年の蓄積である古典をたくさん読んでおり、その中のエッセンスからビジネスを好展開させている人が多いので、今日の話は皆さんがすでに中国古典の何かで聞いている話が多いと思います」

と講演を始めた日本人ビジネスパーソンがいました。聴衆は一気に引き込まれていました。

また、イスラム諸国では、「アッサラーム・アレイクム」というアラビア語の挨拶を入れるだけで、イスラム教徒への敬意を示すことができます。


以上の3つの黄金ルールに基づき、以下ではより実践的な10の自己PRの技術についてお話ししたいと思います。

世界標準自己PR技術1：自信があるように見せる
世界標準自己PR技術2：「何者であり、どんな専門性があるか」を一言で言う
世界標準自己PR技術3：趣味などを活用して個性を思い切り出す
世界標準自己PR技術4：ジャパンプレミアムを活用する
世界標準自己PR技術5：情熱家を演出する
世界標準自己PR技術6：ユーモアは準備をして適度に入れる
世界標準自己PR技術7：丁寧すぎない対応でフレンドリーさを保つ
世界標準自己PR技術8：議論を楽しむマインドを持つ
世界標準自己PR技術9：世界で評価される肩書きを名刺に入れる
世界標準自己PR技術10：独立起業や転職をストーリーとして話をする

▼自信を持つことはすべての出発点
――世界標準自己PR技術1：自信があるように見せる

自己PR技術の第一は、自信があるように見せることです。見えるというよりも見せるのです。

過剰な自信や傲慢さはご法度ですが、自信を持つことはすべての出発点だと思います。日本人の場合、英語に自信がないこと、謙譲の美徳があることなどから、海外での英語でのPRではついつい自信なさげに映ってしまうことがあります。また、度々お話ししている通り、日本人は海外の外国語の世界に入るとその雰囲気に飲まれてしまうことが多いのです。

自信があるように見せるためには、以下の点を心がけることが重要です。

第一に、**大きめの声でゆっくり話す**。

日本人は自信がなく小さな声になることがあるので、心持ち大きめの声でゆっくりと話すことが重要です。自分のスピーチを他人に聞いてもらって、声の大きさやスピードについてのアドバイスをもらってください。

第二に、**練習を繰り返し、話す内容を覚えこむ**くらいになることです。

海外では「紙を見て棒読みする」ことは嫌われます。日本の政治家や経営者は海外でも「部下の作った文章を棒読み（しかも日本語！）」という悪評をスピーチを指導している人から聞いたことがあります。

話す内容を覚えこむくらいになって、原稿は見るとしてもちらっと見る程度にしたいものです。

第三に、**議論や質問内容を事前にシミュレーションしておく**ことです。

質問に答えるのが日本語であっても苦手という人が多いと感じています。この点には王道はなく、事前にシミュレーションしておくことが重要です。英語での専門用語なども含めて、大いに準備しておくべきです。（巻末付録251ページ参照）

会社の名前は名刺に任せよう――
世界標準自己PR技術2：自分が「何者でありどんな専門性があるか」を一言で言う

グローバル人材育成の研修ワークショップで英語での自己紹介をお願いすると、

My name is Toshiyuki Yamanaka.
I belong to the First Sales Department of ～
（私の名前は山中俊之です。私は○○社の第一営業部に所属しています）

という自己紹介が多くあります。

文法的に間違っていませんが、これだけでは、世界標準としては、残念ながらインパクトが弱いと思います。まえがきでもお話しした通り、「belong to」スタイルになっており、自分が何者であるかがはっきりしないためです。

日本人は、会社の一員という意識が強く、自己紹介でも会社や部署名を前面に出しがちです。

しかし、われわれは**自己PRにおいて、会社の所属ではなく、何者でありどんなことが貢献できるかを伝えないといけない**のです。

この点は、日本企業社会が専門性を軽視したサラリーマン社会であることと無縁ではありません。実は、日本人の働き方とも密接に結び付いた、大変に根深い問題なのです。

よく言われる通り、日本人ビジネスパーソンは、就職意識よりも就社意識が強く、そのため、「自らの専門性を高め、市場価値を高めよう」と思う代わりに、「社内でうまく立ち回ろう」となるのです。

このような思考は、現在のグローバル競争が進むビジネス社会では致命的です。

会社名や所属は名刺を渡せば済むのです。そんなことは後回しにして（あるいはごく短時間話すことにして）職務内容や専門性の話をしましょう。

自己紹介においては、自分の専門性をうまく出すことが極めて重要です。

ビジネスでは何と言っても、「自分は○○の専門性があるのであなたに△△の分野において貢献できます」という点をうまくPRすることが、その後の業績に大きく影響します。

たとえば、

・新規プロジェクトを立ち上げて、５億円の利益を出した
・○○研究所で△△について研究して、学会で発表した

などは、どんどんPRしてよい内容だと思います。（251ページ参照）

▼タイミングよく「隠し球を投げる」
——世界標準自己PR技術3：趣味などを活用して個性を思い切り出す

海外でのビジネス上の自己PRにおいては、**個性を思い切り打ち出すことが大変に重要です。**

個性とは、その人なりの差別化、面白さのようなものです。「この人は面白そうだな、さらに話をしたいな」と思わせる魅力のようなものです。

残念ですが、わたしを含めて日本人のビジネスパーソンは、「個性なく退屈である」と思われているふしがあります。

語学力の弱さも原因でしょうが、組織人の場合金太郎飴のように個性のないこと、話題が豊富でないことがその理由としてあげられます。

世界標準での自己PRでは、**「自分は他人とここが違うから面白いんだ」という打ち出しをどんどん行なっていくべきです。**海外では、他人と同じであれば付き合っていてもメリットがありません。同じような話ばかりを聞いても意味がないからです。

「トシはジョンとは違った面白い話をしてくれるから付き合おう」となるのです。付き合いがないとビジネスに発展しません（価格が安いなどよほど条件がよければビジネスに発展することもあるでしょうが、一般に長続きはしないのです）。

では、個性を打ち出すためにはどんなことをすればよいのでしょうか。

ある外国人が多数参加するパーティーでのこと。

ワインエキスパートの資格を持っているわたしの友人（女性）は、そのパーティーでは花形でした。多くの参加者が彼女から話を聞きたがっているのです。

「日本のワインではどのワインがお勧めか」

「シャルドネに合う日本料理は」

といった話で大いに盛り上がっていました。

また、テニスが大変に得意な外務省の元同僚で、テニスを通じて多数の外国人の友人を作り、他の大使館の同僚に比べて圧倒的に多くの人脈を作った人がいました。

趣味の話ができる人や趣味が豊富な人は、社交の場では人気があります。「芸は身を助く」というのは本当なのですね。

「そうはいっても、海外でPRできるほどの趣味を持っていない」

「趣味といっても、読書くらいであまり会話が発展しない」

という声もあると思います。

しかし、そこまで難しく考えなくても可能です。たとえば、
・お酒が好きな人なら、日本酒について渡航前に少し勉強して、日本酒の魅力などを話す
・サッカーが好きであれば、日本のサッカー事情や日本でも外国人選手が有名であること
を話題にする（249ページ参照）
などのように、自分の関心事項に少し日本独自の情報を追加して話をすればよいのです。
わたしは、このような何気ない趣味の話を「**隠し球**」と呼んでいます。
何でもない「球」（＝趣味の話など）なのですが、タイミングよく注目される形で出すと、うまく個性を光らせることができます。

日本のことに一番詳しいのは日本人
——世界標準自己PR技術4：ジャパンプレミアムを活用する

相手がよほどの日本通でない限りは、外国人と日本人のわれわれでは、われわれのほう

が日本のことを知っています。

そのため、相手が関心を持っている日本のことを面白く、分かりやすく話すだけで大いにPRになるのです（相手が関心を持っていることが前提になりますが）。

わたしは、このように日本人であることを有利な点にしてしまう方法を「ジャパンプレミアム」と呼んでいます（もちろん、経済用語の「ジャパンプレミアム」とは別物です）。日本人である以上、「ジャパンプレミアム」をうまく活用して、この人の話は面白いなといった自己PRに繋げていただきたいと思います。

たとえば、国際会議などで自己紹介する場合に、日本経済や政治の現状で外国人があまり知らないようなネタや、関心のあるネタを少し入れるのです。

たとえば、以下のような話です。

・日本と韓国は仲が悪いと言われていますが、それは政府間の話で、国民の間では必ずしもそうではありません。特に日本人女性で韓国の俳優に熱を上げている人はたくさんいます。安倍《あべ》首相夫人の昭恵《あきえ》さんも韓国の映画やドラマは大好きということで知られています。政治外交上の日韓関係を悪化させていることに困惑しているビジネスパーソンも多くいます。（249ページ参照）

・福島第一原発問題は、当然日本国民も大いに関心があります。あくまでも個人の推測ですが与党政治家の中でも本音では危険な原発再稼動に反対の人は相当数に上るはずです。しかし、自分の選挙を応援してくれた人への返礼から原発再稼動反対とは言えないのです。（248ページ参照）

など、日本内部の政治経済について相当知悉《ちしつ》していないと言えないネタを入れるのです。そうすることで「あの人の話を聞きたい」と思われるようになります。パーティーや会食の場で人間関係を広げる方法については、第4章でさらに詳しく述べたいと思います。

情熱的な人と思われるフレーズを使う
――世界標準自己PR技術5：情熱家を演出する

本章の冒頭で、イギリス人の経営コンサルタントとの会話を基に、情熱的であることとの重要性をお話ししました。

「技術1」で説明した「自信」から、さらに「情熱家」に見せる技術も重要です。

情熱を前面に出すことを、どこか恰好悪いと思っていることはないでしょうか。もともとジェスチャーが少なめで表情も硬いことが多い日本人は、情熱を表現することで逆に注目される度合いが上がると思います。

海外で自己PRする際には、**情熱を日本国内の2倍くらいは表に出したほうがよい**と思います。

日本人は、淡々と話をすると言われています。しかし、海外では淡々過ぎる話し方はNGです。

自分の専門性と合わせ、

・なぜこの専門性を深めているのか
・なぜこのプロジェクトに賭けているのか
・その結果どのような社会を作りたいというビジョンを持っているのか

などについて十分に説明できることが必要です。

そして、

I strongly believe that～（私は～を強く信じる）**I am committed to～**（私は～をコミットする）

といった表現を多数使うとよいと思います。

わたしは、NHKEテレの「スーパープレゼンテーション」で取り上げられるTEDスピーチを見ています。TEDに登場するスピーカーは全員が情熱家です。是非ともイメージトレーニングをしてください。

笑いが取れなくても気にするな
——世界標準自己PR技術6：ユーモアは準備をして適度に入れる

海外での自己PRというと、「ユーモアを入れないといけないですよね」「でも英語でユーモアなんて大変ですよね」といった声をよく聞きます。英語のスピーチやプレゼンテーションに関する質問でも、上位3位以内くらいに入ると感じています。

もちろんユーモアはあったほうがベターです。場が和《なご》みますし、**ユーモアは自分のことをネタにすることも多いので、自分を客観視できているといった肯定的な評価に繋がります。**

しかし、日本人の場合、よほどの達人でもない限り、過度にユーモアを入れようとするとかえって失敗をします。

そもそもユーモアは、心の余裕がないと出てこないものです。緊張して、何か面白いことを言おうと思って言ったことは大体失敗します。ユーモアの前に、第1章のプロトコールの原則でお話しした心の余裕をまず持つことが先決と思います。

わたしは、プロの落語家である桂出丸《かつらでまる》師匠から落語を過去6年以上にわたり習っています。毎週のように稽古をして数カ月に一度素人高座に上がります（もっともわたしのは落語ではなく〝落伍〟ですが……）。

外国人が多数参加する海外のパーティーでも、和服を着て小噺《こばなし》をすることがあります。和服を着て「何か面白いことを言うぞ」という雰囲気を作るだけで、場を和ませ注目を集めるという目的の9割は達成できるものです。

師匠にいつも言われるのは、**「面白いことを言う時こそ真面目な顔で言うべき」「受けようと思う気持ちが強いとかえって受けない」**ということです。あまりこだわり過ぎるとかえって受けないということなのです。海外でもあてはまる考え方だと思います。

また、多くの英語のスピーチの達人が言う通り、「ユーモアは多数準備するものであるが、受けなくても、笑いが取れなくても問題ないといった気持ちで進めるべき」だとも考えています。

要は、

・過度にこだわる必要はないが可能ならユーモアは入れたほうがよい
・入れる場合は事前に準備して（話の長さにもよりますが）複数入れる
・失敗しても気にせず本題を進める
といった方法をとるべきです。

「英語ジョーク」で検索すると多数の英語ジョークが出てきます。その中で気に入ったものを覚えたり、日常でこれは面白いといった話を記録して使える時に使うとよいと思います。

以下の方法で、実際にユーモアを入れることができます。ここでいうユーモアとは必ずしも声を出して笑うことに繋がるわけではありません。しかし内心笑ってもらったり、場を和ますことは可能な方法です。

第一に、**誇張や期待の裏切りなど、緊張を緩和させる表現を使うことです**。

「笑いは緊張と緩和によって生まれる」というのは、笑いの定石です。緊張と緩和を生み出すひとつの有力な方法が、誇張や期待の裏切りなのです。たとえば、以下のように世界一と誇張する方法があります。

（何かのアマチュアスポーツ競技の授賞式で）世界一になるかと思っておりましたが村一番にはなれました。

I wanted to be world champion, but I managed to be the champion of this village!

第二に、自分や自分の属する組織、さらには日本人の場合は**日本を客観的に見てネタにする**ことです。

日本人は会社人間（company man）であるとか几帳面《きちょうめん》過ぎるとか周りの評判を気にしすぎるという評判があるので、その点を逆手にとって笑いにするのです。

自分や自分の属する組織や国をネタにすると、相手を安心させて好感を持ってもらえます。たとえば、次のような表現です。

アメリカ人は「それは他人はやっていない」と言われるとやろうとするが、日本人は「他人もやってます」と言われるとやろうとする。

If you say to Americans, "This is completely new and nobody has ever done it", they'll do it. By contrast, if you say to Japanese, "Everybody else has already made", they'll do it.

「過ぎたるはなお及ばざるがごとし」は世界標準でも通用する
――世界標準自己PR技術7：丁寧すぎない対応でフレンドリーさを保つ

日本で長く英語を指導した英語ネイティブの教師は異口同音に、「日本人はコミュニケーションの際に丁寧《ていねい》過ぎる場合がある」と感じているようです。

なぜ丁寧過ぎると問題なのでしょうか。顧客や取引先に対して丁寧な対応をすることは、むしろ本来望ましいことです。

しかし、丁寧過ぎるのは、相手との関係をよそよそしくします。決して馴れ馴れしくしたほうがよいというわけではありません。ビジネスはビジネスとして、納期や品質についてはお互い厳しく対応すべきであることは言うまでもありません。しかし、対応が丁寧過ぎるのは、コミュニケーションとして相手に違和感を与えることがあり、マイナスになります。何事も「過ぎたるはなお及ばざるがごとし」なのです。

たとえば、「～～してください」という意味の**please について、日本人は多用しすぎるとの指摘があります**。please を多用すると、相手に強制する印象を与え、違和感を持たれることがあるからです。初対面で1回目に何かお願いするならともかく、それ以上であればpleaseを省いて、「write down this comment（コメントを書き留めて）」「finish this by next Monday（月曜日までに終えて）」と言ったほうが自然である場合があります。

また、日本人は年齢や役職といった上下関係を意識しすぎるので、フレンドリーさがなくなり、マイナスに働いてしまいます。第3章で説明するファーストネームの活用など、適度なフレンドリーさを心がけてください。

異なる意見、大歓迎
——世界標準自己PR技術8：議論を楽しむマインドを持つ

海外では、さまざまな意見や考えがあるのは当然の前提です。そのため「違いがあって当然、だから楽しい」といったマインドが重要です。

このようなマインドを持つことで、「あの日本人は話しやすい」という印象を与えることになり、自己PRに繋がっていくのです。

このあたりは日本の一般的感覚と違うところです。

欧米人やインド人と議論していると、「私は○○と思う」「私は違った意見を持っている」といった発言が多くあります。

このような場合、「違った意見大歓迎」「自分の視野が広がる」といった気持ちを持つことが重要です。議論することは決してネガティブなことではなく、むしろ歓迎するもの、楽しむものといったマインドを持つことが大事です。

では、違った意見がある場合はどうすればよいのでしょうか。

第一に、**十分に相手の意見を聞く**ことです。

特に海外の場合、そもそもの考え方や価値観が違うことがあるので簡単に否定することなく、十分に聞くことがまず大事です。

第二に、**違いを違いとして明確にして、見える化する**ことです（この点は第3章でもお話しします）。ビジネスの現場であれば、ホワイトボードなどを使って見える化していくことです。違い自体を隠そうとすることは一切不要です。

第三に、**より高次の目的から妥協点を探る**ことです。

ビジネスであればウィン・ウィンの関係に持っていくことがすべての基本です。より高次の目的、たとえば長期的な双方の利益といった視点から妥協点を探ることです。

意見の違いがあっても議論を楽しむマインドを、是非とも醸成していただきたいと思います。

「博士号」は必ずPRせよ
——世界標準自己PR技術9：世界で評価される肩書きを名刺に入れる

海外のパーティーで、博士号の肩書きが入った名刺を渡すと、「ほおぅ、博士号を持っているのですね」という話になり、相手との話題が弾みます。

日本では、博士号を持っていることを自分から話題にすることに対して躊躇《ちゅうちょ》するかもしれませんが、海外では必須です。

わたしが駐在した中東。アラビア語で博士のことを「ドクトール」というのですが、常に「ドクトール」と呼び掛けられることになりました。

このように、**海外では、ご自身が博士号を取得していたら必ずPRしてください。**

博士号は、日本では、オーバードクターといった表現があるように、必ずしも肯定的にとられていないように感じます。企業でも「博士は凝り固まっているから扱いにくい」といった声があると聞きます。

これは世界標準とは異なる異質な価値観です。海外では、博士号は何らかの分野の専門性があることを明確に証明する極めて重要な証拠です。

また、**ＭＢＡも海外では一般に評価が高いので、名刺に入れてほしい**と思います。

日本では、「あの人は高学歴だ」という場合、入学偏差値が高い大学を卒業していることを指す場合がほとんどですが、海外では大学名よりも修士号、博士号で何を学んだかがより重要なのです。

このような点を踏まえ、名刺にも工夫を凝らしたほうがよいと思います。会社の名刺は一定のフォーマットがあり、個人で勝手に変更することはできません。しかし、名前の上部に肩書きなどを書く箇所があれば、博士号の他にも世界に通用する自分の肩書きを入れてみてください。

たとえば、
・ＣＥＯなど経営者であることを示す肩書き（これは通常も入っているでしょうが）
・学会の会員
・世界で通用する資格や学歴
・自分のことを一言で言うと何者か
などを印刷して記入されるとよいと思います。

永年勤続は「残念な人」?!
――世界標準自己PR技術10：独立起業や転職をストーリーとして話をする

先日出席した米国でのパーティーでのこと。

自分の名前と本業・専門の自己紹介の後、「4年ほど前に自分でビジネスを立ち上げた」と話すと相手の表情が変わり、「おめでとう」との言葉をいただきました。

海外では、独立起業というのは高い評価の対象です。

日本社会では、起業に失敗した場合、それをネガティブに捉えることがあります。特に現在別の会社の従業員として働いている場合は、対外的には言わないことが多いのです。

しかし、海外では、**たとえ失敗したとしても、独立起業経験は必ずPRしてください。**

起業というものに対する感覚が、海外では違うのです。

日本社会は、起業失敗や選挙落選など何かにチャレンジをして、失敗をした人をもっと評価すべきだと思います。

また、失敗した人もそれまでの経歴（社長や議員といった）にこだわらずに、企業での就職にチャレンジすることがよいのではないでしょうか。

国政選挙での落選者を採用したことがある人事担当者は、「国政にチャレンジするだけあってバイタリティがあるので採用した。採用後も大いに活躍してもらっている」と語っていました。

また、こんな話もあります。

ある定年退職した日本人ビジネスパーソンが、「お蔭様で同じ会社に生涯勤務することができました」と、起業家精神のある外国人が多数いる場でことさら永年勤続を強調する挨拶をしたところ、多くの外国人は、「なぜ同じ会社にずっと勤務することがそんなにすばらしいのか」とこっそりと周りの人に漏らしたという話を聞いたことがあります。

つまり、転職経験も海外では当然と捉えられます。

日本では、最近は変わってきたとはいえ、転職についてまだまだネガティブな印象があります。そのため聞かれない以上は黙っておこうとなるのです。

転職が当たり前、転職こそが給料を上げる手段という考えが強い海外では、**同じ会社にしかずっと勤務してきたということは決して褒め言葉ではなく、むしろ「ひとつの会社にしか雇用されなかった残念な人」**になってしまいます。

したがって海外では、転職経験を自己ＰＲに使うことが可能です。

たとえば、

「初めに入った役所の組織風土にどうしても合わずに転職した。転職した会社は業績評価至上主義で役所とは違ってはじめは大変に戸惑った。しかし、そこが踏ん張り所と思って頑張った……」

などの話です（これはわたしが使う転職ストーリーですが）。

人はストーリーにこそ関心を持つものです。

「転職が自分の成長のバネになった」

ということであれば、どんどんストーリー化すればよいと思います。

第3章

会談・商談の3つの基本プロトコールと10の技術

日本人の9割は正しい自己紹介を知らない

妻夫木聡《つまぶきさとし》さんと北川景子《きたがわけいこ》さんが偽の夫婦役を演じてヒットした映画「ジャッジ！」。落ちこぼれ広告マンの太田（妻夫木聡）が、広告の国際コンクールに出席するためにアメリカに渡ります。自社で作った広告をPRするため、ミーティングでペンを指で回しながら「これからいうことはとても大事なこと」と話し始めたところ、ボールペンを回す姿が参加者の注意を集め、ミーティングで自らの出展作品に有利な点をPRすることに成功する、という場面があります。

英語の会談や商談で自己PRする方法のエッセンスが、入っているように感じました。余談ですが、わたしは映画フリークで年間１００本ほど見ています。映画は世界でのビジネスの参考になるシーンが多数あるので、大変に重宝しています。

恭《うやうや》しく名刺を渡して自己紹介の後、持ってきたパンフレットを基に製品やサービスの説明をする……。

これでは会談・商談が盛り上がりません。会談や商談は、基本プロトコールや技術を踏まえることで大きく盛り上げていくことができます。

なお、ここでいう会談や商談は、ビジネスに関連するミーティング全般と思ってください。社内のミーティングも含みます。

これを押さえれば会談・商談が盛り上がる3つのプロトコール

まず、基本中の基本として、3つの基本プロトコールを説明します。

基本プロトコール1：相手の名前や国を間違えない
基本プロトコール2：相手が時間を割《さ》いてくれたことに感謝する
基本プロトコール3：目的を明確化してメリットを示す

基本プロトコール1：相手の名前や国を間違えない

海外で挨拶する時に、意外と注意が必要なのは、相手の名前や国名の言い間違い、誤解です。

日本語は他の言語との文法面や単語面での違いが大きく、外国語の名前は間違えやすいのです。

わたしも名前について、手痛い間違いをしたことがあります。

お世話になった外国人の方が亡くなった際に、その方のお葬式を伝達するメールで、綴《つづ》りを間違えるという大失敗をしてしまいました。

日本人には若干難しい名前であったことや、疲れがピークに達している時に「緊急なので即送付しないと」と思って送付したことは理由になりません。**名前を間違えないということは、日本人同士でも極めて大切**ですが、外国人の場合は間違える可能性が高まるので、さらに注意するべきです。

▼意外に難しい国名リスト

国名についても似た国名が多く、注意が必要です。日本人なのに他のアジア人と間違えられるとよい気がしません。国名も間違えないようにしましょう。

移民国家であるアメリカをはじめ、世界でのビジネスシーンでは多様な出身国からビジネスパーソンが集まってきています。相手の国籍や出身国を間違えることは、グローバルコミュニケーションとしてNGです。

国名については、**実は首脳会談のような重要な場でも間違えられることがあります。**

チサノ・モザンビーク大統領（当時）が1988年に援助を期待して先進国を訪問しました。

そのチサノ大統領が日本の外務省関係者に伝えた話です。

「最初の訪問国では、会談の相手の元首は自分をアフリカの別の国の大統領と呼び、彼の通訳が訂正しても全く無視して、また違った国名を名指しした。その態度は尊大傲慢であった。次のもうひとつの国の大統領は、きわめて多忙との理由でごく短時間で会談を終わり、モザンビークの大統領と呼ぶこともなく、はなはだ冷淡な接見であった。これに比べて日本の元首昭和天皇は接見でもきわめて丁寧かつ誠実に対応された。彼が貧困に悩むモザンビーク国民に対して同情を表明したいと言われ自分は感激した」（安倍勲編『プロトコール入門』P29－30）

この話からは、

・準備が相当されているはずの首脳会談でも国名を間違うことがあること
・相手国を軽視するような態度は絶対に慎むべきこと

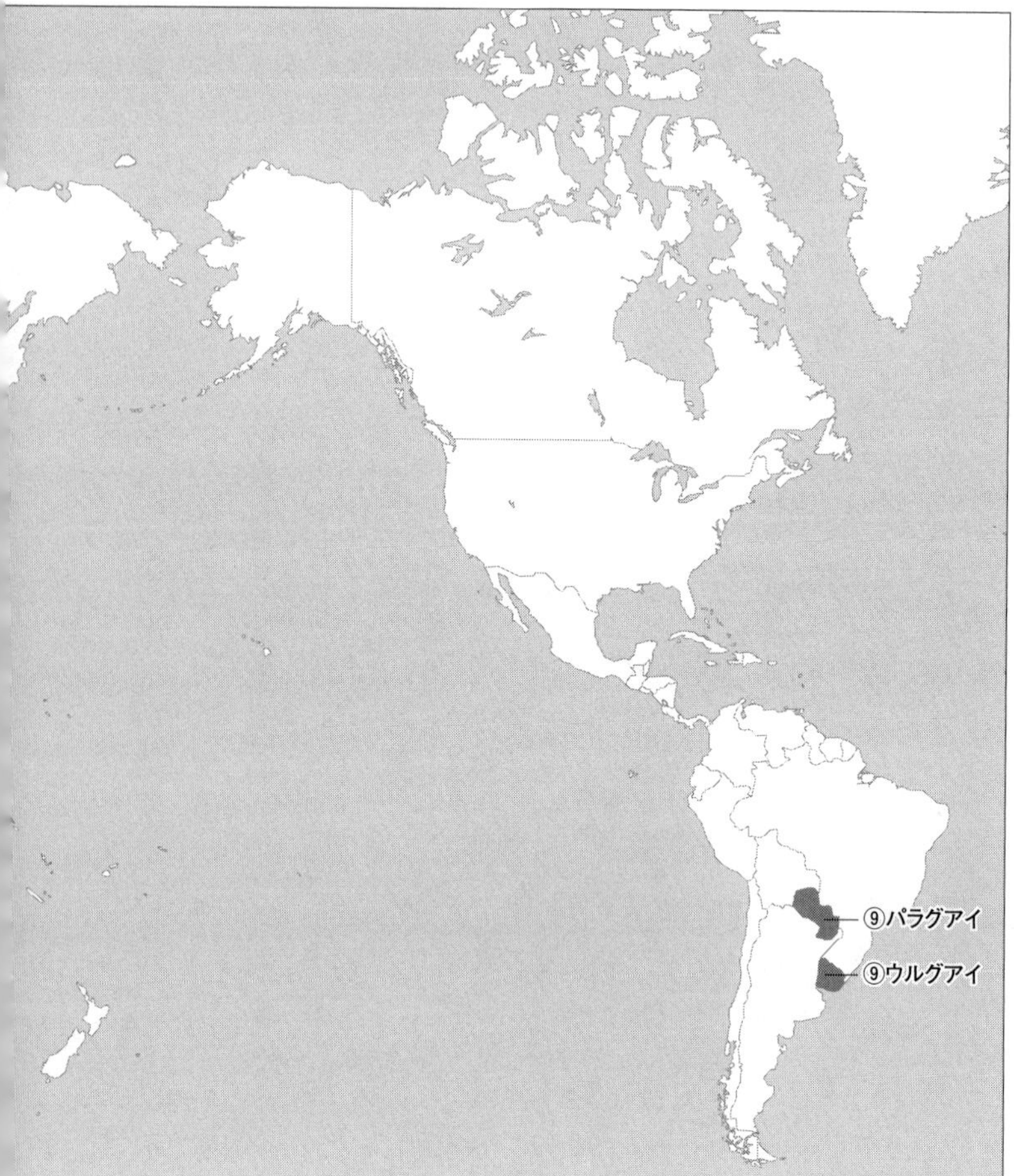
⑨パラグアイ
⑨ウルグアイ

間違えやすい国名は、地図で確認しよう！

がよく分かります。第1章でお話ししたプロトコールの原則「相手の国や民族への尊敬」の重要性と通じる点です。

名称が似ており、地理的にも近いなどの理由から紛らわしい国を以下にあげました。是非とも間違えないようにしてください。なお日本語表記の国名の後にカッコ付きで入れた表記は、英語表記または通称表記です。

〈アジア・中東〉

① イラン（Iran）とイラク（Iraq）

両国ともイスラム教国で隣接していますが、イランはペルシャ人（イラン人）、イラクはアラブ人の国であり、歴史も言語も違います。それぞれ自国・自民族に誇りを持っています。アラブ人はイスラム教を生んだ民族であり、コーランの言語として使われているアラビア語に強い誇りを持っています。ペルシャ人は歴史的にはアラブ人よりも古く国家を建設して、古代ギリシャとも戦ったという歴史に対する誇りがあります。アラブ人とペルシャ人を混同すると、その段階でビジネスは即アウトです。

② ブルネイ（Brunei）とブータン（Bhutan）

ブルネイは東南アジアの産油国でイスラム教徒が多い国です。国民所得は高く街は大変に整備されており美しいモスクが点在しています。世界の幸福度ランキングで上位にランキングされるブータンは南アジアにある王国です。２０１１年11月には、東日本大震災後初めての国賓として、国王が結婚したばかりの王妃とともに来日して話題を呼びました。

〈ヨーロッパ・旧ソ連〉

③ エストニア（Estonia）とラトビア（Latvia）とリトアニア（Lithuania）

旧ソ連のバルト3国と言われる国で、北からエストニア、ラトビア、リトアニアと並んでいます。エストニアはスカイプ発祥のＩＴ先進国で首都タリンの旧市街は世界遺産に指定されている美しい街です。ラトビアは、バルト3国の中で一番ロシア人の人口比率が高くなっており、今後ロシア人への対応が注目されます。リトアニアは、日本では第二次大戦時に日本人外交官の杉原《すぎはら》千畝《ちうね》氏が、ナチスの迫害を受けるユダヤ人にビザを出した国として知られています。

④ スロバキア（Slovakia）とスロベニア（Slovenia）

元々の語源はスラブ（Slav）から来ているので似ているとの説もあります。スロバキアはチェコスロバキアから分離独立した国、スロベニアは旧ユーゴの国です。

⑤ モルドバ（Moldova）とモンテネグロ（Montenegro）

モルドバは民族的にはルーマニア人が多い旧ソ連の国で、ウクライナとルーマニアに挟まれています。モンテネグロはヨーロッパ南東部に位置するバルカン半島にある旧ユーゴスラビアの国。わたしは、以前ある会合でモルドバ出身者と会話をした際、モンテネグロとどっちがどっちだか一瞬混同して、すぐには会話が進まなかったことがありました。相手の国のことがよく分からないと、やはり話題は停滞します。

⑥ アルバニア（Albania）とアルメニア（Armenia）

アルバニアは旧ユーゴとギリシャに囲まれており、ヨーロッパに位置しながらもオスマントルコに支配されたことからイスラム教徒（または無宗教化した元イスラム教徒）が多い国です。アルメニアは旧ソ連を構成していた国でキリスト教徒が多く、民族としてのアルメニア人は中東をはじめ世界各地に多数居住しています。

⑦カザフスタン（Kazakhstan）とウズベキスタン（Uzbekistan）とタジキスタン（Tajikistan）とトルクメニスタン（Turkmenistan）

いずれも旧ソ連の中央アジアの国でイスラム教徒が多い国です。「～の場所」の意味を持つ「スタン」という言葉で終わるので、間違えやすいと思います（中央アジアに属するキルギスもキルギスタンと呼ばれることがあります）。タジキスタンのみイラン系でその他はトルコ系の言語を話す民族が中心です。ウズベキスタンの古都サマルカンドは、青空とモスクの色から「青の都」と呼ばれ世界遺産に指定されています。カザフスタンでは国名変更も検討されているようです（2014年4月現在）。

〈アフリカ〉

⑧アルジェリア（Algeria）とナイジェリア（Nigeria）

アルジェリアは北アフリカにあるイスラム教徒が多いアラブの国。2013年1月に天然ガス精製プラントにおいて日本人を含む多数の在留外国人が殺害された事件が記憶に残っている方も多いと思います。ごく一部のテロリストの責任で国のイメージが悪くなることは大変に残念です。一方ナイジェリアは西アフリカに位置してアフリカ大陸で人口が一番多い産油国。２０１４年４月のナイジェリア政府の発表により、南アフリカを抜いてアフリカ最大の経済大国になったことが分かりました。

〈**中南米**〉

⑨　パラグアイ（Paraguay）とウルグアイ（Uruguay）

両方とも南米にあるスペイン語圏で、ブラジルとアルゼンチンに挟まれています。ウルグアイが大西洋に面しているのに対して、パラグアイは内陸国です。ウルグアイはサッカーワールドカップ第１回と第４回大会の優勝国です。

基本プロトコール２：相手が時間を割《さ》いてくれたことに感謝する

海外のビジネスエグゼクティブの中には、日本人のエグゼクティブよりも時間にシビアな人もたくさんいます。そのような人に会談・商談の時間を割いてもらったのであれば、まず感謝することが大事です。

これは、自社が相手に発注する場合でも同じです。日本企業の場合、自社が発注する時には相手企業のエグゼクティブに対して感謝の意を示さないこともあるのではないでしょうか。しかし、これはプロトコールの原則のところでお話しした「対等主義」に反します。

会談・商談では、まず時間を割いてくれたことに対して感謝してください。

▼基本プロトコール3：目的を明確化してメリットを示す

日本人同士の会談・商談では、何らかのビジネス上のコラボレーションができれば幸いといった漠然とした目的で会うこともあります。紹介があるのでとりあえず会うということもあるでしょう。

海外での商談・会談の経験者がよく言うのは、**1回目のアポイントメントは何とか実現しても2回目が難しい**ということです。紹介等があれば、1回は会うものです。しかし、2回目以降も会うかというとそうではないのです。

それではどのようにすればよいのでしょうか。

目的と同時に、自分と会うメリットを示さないといけません。メリットには、

・ビジネス上の取引によって利益に繋がるメリット

・ビジネス上の何らかの情報が得られるメリット
・会っているだけで刺激や面白みがあるメリット（これは自己PRの技術でお話しした技術でもあります）

などが考えられます。

日本人同士でも相手へのメリットは重要な点です。海外ではその点をもっと強力に意識することが必要です。

さて、これら3つの基本プロトコールを基に、より具体的な技術に入っていきます。この技術を活用して海外での会談・商談を是非ともうまく乗り切ってください。

会談・商談の技術1：笑顔を普段から練習して実践する
会談・商談の技術2：冒頭の一言は相手の国の言葉で言う
会談・商談の技術3：握手やハグなど身体的接触に慣れる
会談・商談の技術4：名刺はさり気なく渡す
会談・商談の技術5：できればファーストネームで呼ぶ
会談・商談の技術6：驚きのお土産を持っていく

会談・商談の技術７：会談の冒頭につかみ話題をひとつ入れる
会談・商談の技術８：日本人同士以上に見える化を重要視する
会談・商談の技術９：手を挙げ、立ち上がる
会談・商談の技術10：メールまたはリンクトインでフォローする
会談・商談の技術番外編：アポが取れない時はジャパンプレミアムを使う

▼日本人は怒っているように見える
——会談・商談の技術１：笑顔を普段から練習して実践する

会談・商談では冒頭の笑顔が大変に重要です。

「なんだ、当たり前ではないか」

と思われるかもしれません。

しかし、多くの国際会議での日本人ビジネスパーソンの顔を見ていると、**特に男性は、海外で英語や外国語でのやり取りに緊張している人が多いためか、笑顔の人は多くありません。**

日本には、知らない人、初対面の人にまず笑顔をという習慣がありません。

初対面の際には、恭しく丁寧に名刺を差し出し、頭を下げて挨拶することが習慣になっています。客商売の人や営業の一部の人を除き、初対面の人にいきなり笑顔を作ることに慣れていないのです。

あるミス・インターナショナル日本代表の方からこんな話を聞いたことがあります。

「海外で活躍する日本人ビジネスパーソンに何かひとつアドバイスがあるとしたら何ですか」との質問に対して、即座に「笑顔でしょうね」との答えでした。

ミス・インターナショナル世界大会の関連施設で、ある日本人が話しているのを見て、

「あの日本人は怒っているのか？」

と他の出場者から質問されたとのこと。

日本人から見ると普通に話をしていても、外国人の目から見ると怒っているように見えてしまうのです。日本人同士ではあまり気にならなくても、日本人は無表情で能面のように見えてしまうことがあるのです。

まずは笑顔で相手と信頼関係を築くことは、大変に重要です。

▼入国管理官に笑顔で対応するメリットとは？

「笑顔」に関しては、普段の練習や心がけが重要であると思います。

第一に、**理想の笑顔をイメージします**。

過去の自分の写真でこれはよいと思う笑顔を選んでみてください。わたしは写真館で100枚以上撮影した中で選んだ笑顔の写真を、名刺やホームページに使っています。

第二に、**自宅やホテルの鏡の前で、笑顔の練習と顔の筋肉を動かす練習**をしてみてください。

わたしは研修やセミナーの前日にホテルに泊まることが多いのですが、研修やセミナーでも笑顔をはじめとした表情は重要なので、よく練習します。ホテルの場合は他に誰もいないのでいくら練習しても大丈夫です。

第三に、**店員さんなど接する人にすべて笑顔で語りかけてください**。

店員さんは、客に笑顔でと指導されているので笑顔で対応してくれます。しかし、客の方は無愛想ということが日本では多いのです。海外では店員が日本人に比べてやや無愛想であるのに対して、客は日本に比べて愛想がよいことが多いのです。日本でも海外でも、店員さんや飛行機の客室乗務員の方に笑顔で接するようにしてみてください。

さらに海外でお勧めは、**入国管理官に笑顔で接する**ことです。

「なぜ入国管理官?」と思われるでしょうが、入国管理官は到着した国で接する最初の人です。その国の人の話し方、言葉など雰囲気を知るうえでもこの上ない練習の場なのです。

その国の言葉で「こんにちは」と「ありがとう」を言って、笑顔で立ち去ることができれば、その国で多くの人とコミュニケーションを取る際のモチベーションが上がるのです。

▼ケネディ駐日大使の最初の挨拶は日本語だった
──会談・商談の技術2:冒頭の一言は相手の国の言葉で言う

笑顔の次は、相手に言葉を発する段階になります。

そこで大事なことは、会談・商談の冒頭は、一言でもよいので相手の国の言葉で発することです。

2013年11月に来日したアメリカのキャロライン・ケネディ駐日大使。日本での会見の冒頭の言葉は、日本語で「はじめまして」でした。たった一言ですが、それを見た日本人は好感を持ったのではないでしょうか。

日本語で言えば、

「こんにちは、はじめまして。わたしは○○です」

くらいで結構なのです。どんな言語でも10分もあれば覚えられるはずです。

これを是非とも実行してみてください。

ビジネスにおいて最低限の挨拶を現地の言葉で行なうことは、極めて重要です。

言語は、単なるツールではないからです。

巷《ちまた》では、「言語は単なるツールに過ぎないから重要でない」などと言われることがありますが、グローバルコミュニケーションにおいては完全な誤解です。

なぜならば、語学は、
① 相手の文化の現われであり
② その国に対して学ぼうとしている姿勢を持っていると示す重要な手法である
からです。

「①相手の文化の現われ」とは、言語にその国や民族の文化が詰まっているという意味です。

たとえば、日本語は敬語が他のどんな言語よりも発達しています。これは日本人が目上の人を敬う文化・社会であることの現われそのものです。

また日本語は主語を省《はぶ》いて話すことが多くありますが、自己主張が弱い文化を反映しているのです。一方英語は主語を省くことはなく、自分を意味するIは大文字になっています。英語圏が自己主張を重視する文化であることはこの事実を見てもよく分かります。

相手の文化を知ることは、プロトコールの原則に合った相手の国や民族を尊重することにあたります。

また、「②その国に対して学ぼうとしている姿勢を持っていることを示す重要な手法である」点も心にとめるべきです。

語学は一朝一夕には習得できません。**習得が大変な語学を学んでいこうとするのは、相手国に対する最大級の尊敬に繋がる**のです。

たとえば、皆さんの会社の上司がアメリカ人で、3年間の予定で日本に駐在しているとします。そのアメリカ人上司が「こんにちは」と「ありがとう」以外の日本語を何ひとつ学ばないとしたらどのように感じるでしょうか。日本の文化や社会に対する尊敬はあまり感じられないのではないでしょうか。

一方、アメリカ人上司が日本に赴任し、毎週のように日本語の個人レッスンを受けて、食事の席などで最低限の会話ができるようになった場合はいかがでしょうか。

相手の国の語学を学ぶこと、学ぼうとする姿勢は海外で相手に好印象を与えるために死活的に重要です。

・出張であれば最低限の挨拶を相手国の言葉で言う

・数年駐在するのであれば食事の席でなんとか現地語で話ができるくらいを目標にすることが大事だと思います。

日本企業が新興国で業績を出せない大きな理由のひとつは現地語を十分に話せる、学ぼうとする人材が駐在していない点にあると考えています。現地語を学ぼうとすらしない駐在員に現地の人は心を開こうとしません。そのような状況で現地社員や現地のパートナーとの関係はやはり構築できないのです。

タイ駐在が長くタイ語の堪能なある現地日本法人の社長は、「日本人駐在員はあまりに不勉強。タイ語はもちろん英語すら十分にできない。勉強しようとしない。そんな状況でビジネスができるわけがない」と嘆いていました。

現地語を学ぶことは、相手の国や文化に対して敬意を払うというプロトコール上の重要な原則と密接に関係しています。本気で海外を攻めるのであれば、仮に現時点ではできなくても、現地語を学ぶ姿勢を強く持っている人材を駐在させることが肝要です。

▼人種差別主義者と誤解される危険も
――会談・商談の技術3：握手やハグなど身体的接触に慣れる

日本人は世界的に見て、握手やハグといった身体的接触に慣れていません。そのため相手のビジネスパーソンから違和感を持たれることがあります。握手やハグにも是非とも慣れるようにしてください。

握手は日本人の文化にはもともとありませんでした。代わりに日本人はお辞儀をします。日本人が握手をする際に注意したほうがよいのは以下の点です。

第一に、**お辞儀と同時に握手をしない**ことです。

日本人はお辞儀が子供の時から身についていますので、挨拶となるとまずお辞儀になってしまいます。そのお辞儀に加えて「握手もしなくては」と思ってしまうので、両方を同時に行なってしまうのです。

しかし、お辞儀と握手を同時に行なうのは、日本人をネタにした漫画の題材になるほど海外では不自然に見えます（例外として王族に対して握手しながらお辞儀をすることがあります）。

第二に、**相手の目を見て握手をする**ことです。日本人はアイコンタクトが苦手です。中には相手の目を見ることが失礼であると思っている人もいるくらいです。相手の目を見て握手を行なってください。

第三に、**強く握る**ことです。日本人は握手に慣れていないのでどうしても弱く握ってしまいます。女性の場合はまだ大目に見られても、男性が弱く握ることは相手から見ると「やる気がない」と思われることになるので注意が必要です。

握手はどちらから求めるべきものなのでしょうか。

意外に思う日本人も多いようですが、世界標準のプロトコールでは、元々は女性から求めるべきものとされています。また、女性は手袋をしたまま握手をしてもよいとか、座ったまま握手をしてもよいといったことが言われます。

しかし、現在の一般的なビジネスシーンでは、ほとんど意味を持たなくなっていると感じています。

さまざまな握手のシーンで、（極めて伝統を重んじるパーティーを除き）女性が手を差し出すまで待つということはほぼなくなっているといってよいでしょう。

しかし、**イスラム教徒の女性が相手の場合は、相手が手を差し出すまで待ったほうがよい**でしょう。わたしの経験上、トルコ系のイスラム教徒の女性はさほど気にしない人が多いですが、親族以外の男女の身体の接触が好ましくないとされているイスラム教徒の女性の場合は、一般に女性が手を出すまで待ったほうがよいと思います。

インド人その他アジアの国でも相手と状況によっては男女が握手をしないことがありますので、他の人が握手をしているかなど状況を見て判断をすることも重要です。

相手が国王など王族である場合や大統領など元首である場合も、国際プロトコール上、相手が手を出すまで待ったほうがよいでしょう。

「国王や大統領と会うことなんてない」と思われるかもしれませんが、新興国で現地法人社長などの立場で赴任すると、現地のＶＩＰと会うことは意外とあるものです。一応押さ

王制を維持している国は意外に多い

ヨーロッパ

イギリス／オランダ／スウェーデン／スペイン／ノルウェー／デンマーク／ベルギー

アジア・中東

サウジアラビア／オマーン／カタール／クウェート／バーレーン／UAE／ヨルダン／タイ／カンボジア／ブルネイ／ブータン／マレーシア

アフリカ・オセアニア

モロッコ／スワジランド／レソト／トンガ

えておいてよいルールであると思います。

なお、世界で王制が残っている国の一覧を表にしてみました（上）。意外と多くの国が王制を維持していることが分かります。

握手以上に日本人が苦手なのが、ハグや頬へのキスです。欧米や中南米ではある程度親しくなったビジネスパートナーであればハグや頬へのキスがあることが自然です。

国による違い（中南米や欧州でもラテン系の国がより積極的である）や個人差・性差・状況による違いはありますが、欧州や中南米では2回目以降の会合で会食やパーティーが終わった後であればハグがあったほうが親近感が増すことが多いでしょう。

ハグや頬へのキスは、親近感を示す以上に重要なものです。以前ブラジル人から、「日本人はハグに慣れていないが、**ブラジルではハグをしないと人種差別主義者だと誤解される恐れがある**」との話を聞いたことがあります。日本人ビジネスパーソンの間には、「異性間のハグなんてセクハラに繋がるからしない」という意見もあるのですが、逆にハグをしないことで違和感や嫌悪感を持たれるのです。

イスラム教徒の場合は、同性同士のハグや頬へのキス（接触まではしないことも多い）がどちらかというと自然です。

周りの状況を見てハグや頬へのキスをしている場合には、日本人ビジネスパーソンも是非とも慣れて実践してください。ここは勇気を持って踏み出すことがグローバルコミュニケーションの達人として重要です。

なお、身体的接触等を含めた各国文化について詳しくまとめたものに『世界比較文化事典―60カ国』（マクミランランゲージハウス）がありますので、参照してみてください。

「渡す」より「もらう」が大事
――会談・商談の技術4：名刺はさり気なく渡す

日本発のビジネススタイルで世界標準になったものに、名刺があります。

現在は世界中どこに行っても名刺は、ビジネスの現場で活用されることが一般になりました。そのため、裏が英語または現地語の名刺はビジネス上必携です。

では、名刺はどのようなタイミングで渡すべきでしょうか。

名刺交換は日本発のビジネスツールであるためか、明確な世界標準のプロトコールはないようです（わたしは目にしたことがありません）。

そもそも世界には、名刺に必ずしも慣れていない人もいます。また中には会ってすぐに名刺を渡す日本式があまり好きではない人もいるのです。

そのためわたしは、以下のように対応しています。

アポイントメントの時間が決まっているビジネス訪問であれば、会った直後に渡します。

一方、社外の会議でたまたま横に座った人、レセプションやパーティーで会った人などにはどうするべきでしょうか。

ビジネス上の関係を築きたいのであれば、当然に渡すべきです。

その際、名刺は渡すことも重要ですが、実はもらうことが重要なのです。なぜなら、名刺をもらえば自分からメールを送ることが可能になるからです。名刺はもらうことに重点を置くべきです。

しかし、あまりにも押しつけ的な形で名刺を渡すのは得策ではありません。日本でも海外でも、自然な形で名刺を渡したほうがよりよい関係に発展するのです。

わたしは、ある程度話をして「この人とであれば関係を築いていきたいな」と思った場合は、**「名刺交換させていただいてよいでしょうか」と聞くことにしています。**（248ページ参照）

このように聞いて、NOという人はまずいません。稀《まれ》に「自分の名刺を持っていないので名刺交換はできない」という人はいるでしょう。その場合は、まず自分の名刺を出して、その後に相手に、自分の手帳等にメールアドレスを書いてもらえばよいのです。稀にはそのような形でメールアドレスを相手に知られることを嫌がる人がいるでしょう。そのような相手とは、もともとビジネス上の縁がなかったのです。それならそれであっさりと関係構築を終えることができます。

なお、日本での名刺交換の形式ばった方法は不要です。「お辞儀をしながら両手で渡して、両手で受け取って、相手の目を見る」といった新人研修で行なうようなことは、海外の非日本人相手だとかえって硬く感じられてしまいます。

片手（左手は不浄と考える文化もあるので一般的には右手）で相手の目を見ながら渡す程度でOKと思います。中国や韓国など儒教的文化圏でも、相手が明らかな目上の場合に若干丁寧に対応する程度で十分です。

まず自分の呼び名を相手に伝える
——会談・商談の技術5：できればファーストネームで呼ぶ

会った回数が少なくても実践したいのは、ファーストネームで呼ぶ関係になることです。特に欧米や中南米ではファーストネームで呼ぶ関係になることができるかどうかで違います。

わたしがイギリスに留学していた時、指導教官の教授もファーストネームで呼ぶ習慣がありました。日本のように「先生」といった敬称はつけないのです。

まず、自分の名前をファーストネームで呼んでもらうようにお願いします。わたしの場合は、俊之（Toshiyuki）という非日本人には長い名前なので、「Toshiと呼んでください」と常に言うようにしています。

そして、**自分の呼び名を相手に伝えた後に、相手を何と呼べばよいか確認する**のです。一部の例外を除き、多くの場合相手もファーストネームで呼んでくれと言うでしょう。

例外は、中国と韓国など一部のアジアの国です。欧米の習慣に慣れた中国人・韓国人であればファーストネームで呼ぶことになります（名刺に欧米流のファーストネームが書いてある中国人・韓国人が増えています）が、そうでない場合は姓（中国人の場合は、一般に男性は姓＋先生、女性には姓＋小姐）で呼ぶことになります。中国人・韓国人の場合も、相手に何と呼べばよいかを聞けばよいと思います。

また、**初対面でファーストネームで呼んでくれと言われた場合は、会談中に何度も名前を繰り返すことがお勧め**です。そのことにより相手の名前を覚えることができますし、相手の好感度も上がるからです。

自分の名前を呼んでもらって嫌な思いをする人はいないのは世界どこでも同じです。是非とも名前を何度も呼ぶようにしてください。

一方、ファーストネームで呼ぶべきではない場合は、

・相手が国王や大統領など元首の場合
・医者（場合による）

などです。この点も注意しておきましょう。

相手に強い印象を与える〝隠し技〟
──会談・商談の技術6：驚きのお土産を持っていく

わたしが実践している、会談・商談で相手に強い印象を与える〝隠し技〟をいくつかご紹介しましょう。

第一に、「**あっと驚く**」**日本風のお土産を持っていく**ことです。

相手がお酒好きと分かっていれば、小さい樽に入った地酒を持っていきます。わたしは灘《なだ》の酒で有名な兵庫県西宮《にしのみや》市在住。地元の清酒の小さな樽を持っていったら、すごく驚かれたことがあります。相手が酒を飲むことが分かっていれば、清酒の樽はお勧めです。

もっとも、お土産は初回ではなく2回目以降関係が深まってきた場合のほうが一般にはよいでしょう。ビジネス関係に入ってこないうちであれば相手に負担感を与えてしまうからです。また相手が公務員の場合には、贈賄にならないようにお土産を慎むべきことは日本でも海外でも同じです。

第二に、**相手のＳＮＳの投稿、著書があれば著書の、内容に言及する**ことです。

世界の多くのビジネスパーソンは、ＳＮＳをしています。事前にそこでの発言、投稿などを相当詳しく読んでおいて、何かコメントできることがないか調べるのです。

「ＩＴのクラウドについて発言されてますね。特に海外での○○については、大変に勉強になりました」などと言えば、相手は「随分事前に調べてきてくれているな」という好印象を持つことになります。

脱線しますが、面会時に自分のことを十分に調べてくれているかどうかは、会って５分も話をすると分かります。新聞記者から取材を受ける際、わたしの過去の著書やブログなどを十分に読んできてくださる方とそうでない方とはすぐに見分けがつきます。

相手の書いたものを読んだうえで、

「第○章に書かれていた△△は大変鋭いですね」

などの感想をいただくと、相手に対する好感度が大きく上がります。


第三に、**配偶者を連れて行く**ことです。

先日あるビジネス会合で、アメリカ人男性が奥さまを連れてきていました。ビジネス会合自体には奥さまは参加せず、会合が終わった段階で合流です。その後の夕食会に同席しました。他の参加者は単身だったので、大変に目立ち、印象が強く残りました。

国際会議でも、配偶者を連れてくる欧米のビジネスパーソンは結構います。昼間は配偶者プログラムが組み込まれていることも多く、国際会議自体が夫婦単位を想定していることもあるのです。

夫婦旅行とビジネスを兼ねるなんてダメというのは日本的発想です。もし出張において自由度が高ければ、是非ともチャレンジしてみてください。

あまりに長い前置きはNG
――会談・商談の技術7：会談の冒頭につかみ話題をひとつ入れる

日本人の自己PRで注意したほうがよいことのひとつに、前置きが長いという点があげられます。相手との関係構築に繋がる〝つかみ話題〟をひとつ入れて本題に入るくらいがちょうどよいのです。

まず、ごく簡単に自己紹介します。ビジネスの場合、会う前の段階で、どのような人がどのような目的でくるのかが分かっているのが一般的なので、自己紹介とその後のつかみや訪問目的を入れて3分程度に留めます。

つかみ話題とは、相手に好感を持ってもらう言葉です。落語の冒頭のマクラで、聴衆の関心を引きつけるのと同じです。たとえば、海外での会談の場合、

・実際に見た相手国の町の発展ぶり
・自分にとって相手国で好きな食べ物や文化芸能
・相手国で起こった最近のよい出来事（例：相手国がワールドカップでベスト8に入った）

などです。

話題としては第4章で国別にお話ししますので、そちらもご参照ください。

次に、目的やゴールを端的に説明します。たとえば、業務提携の可能性について打ち合わせをしたいのであれば、「今日は業務提携について話し合いたいと思っています」といった言葉を端的に話します。

ここまで相手の相槌やコメントがあったとしても、長くても5分以内に終えたいところです。このように、1時間のアポイントメントの場合3分程度で本題に入るくらいがよいのです。

もっとも国によって、相手によって違いがあります。アラブ人とのアポイントメントの場合は、本題に入る前に、長い挨拶や自己紹介が入ることがあります。

合意事項は必ず文章にしてメールで送る
――会談・商談の技術8：日本人同士以上に「見える化」を重要視する

海外での会談・商談で重要なことは日本国内以上に「見える化」を十分に行なうことです。

第一に、言葉が分からない、共通認識ができていないという状況がしばしば発生するので、**会談内容の「見える化」に配慮する**ことです。

人数が多い場合は、会談途中に、書記役が参加者が持っているパソコンやタブレットの画面にポイントを映し出して常に参加者に確認するような方法をとります。

第二に、**合意事項を必ず見える形で共有する**ことです。

日本人同士であれば、話し合う時間を共有することが事実上目的になっているような会談も多いでしょう。そのような会談では決まったこと（＝結果）が重要でない場合もあります。

しかし、海外での会談・商談では、目的を達成したかどうかが常に問われます。また、言った・言わない、合意した・合意しないなどの点で齟齬がより生じやすくなります。そのため、海外では会議・商談の合意事項を必ず文章化して、数日以内に関係者にメールで送って了承をとる手続きを踏んでください。

その際、合意事項について了承する場合も、その旨返信してもらうようにすべきです。「返事がないから合意してくれた」という考え方は日本的です。

会話の〝場〟を支配するちょっとしたコツ
——会談・商談の技術9：手を挙げ、立ち上がる

会談・商談で自己PRに繋がる〝ちょっとしたコツ〟をお話ししたいと思います。

本章の冒頭でお話しした映画「ジャッジ！」で周囲の注意を集めたうえで「これからお話しすることは大変に重要である」と言うなども（ペンを回すのがよいかどうかは別にして）ここでいうコツになります。

第一に、席次が厳しく求められない場合、席は前後であれば前、端・真ん中であれば真

ん中を取ることです。
わたしは、何らかの説明会でどこに座ってもよい場合は、**極力前の方に座って質問・発言をするようにしています。**

第二に、**手を挙げる**ことです。
相手の話が途中でも、質問があれば手を挙げてよいでしょう。グローバルビジネスでは発言が重要です。数百人を前に話す演説などは別にして、**必要なら数十人くらいの会合であれば相手の話を遮《さえぎ》ってでも手を挙げて質問・発言をするべき**でしょう。

第三に、**ホワイトボードがあれば使う**ことです。立ち上がるということは、それだけで場を支配します。さらに、ホワイトボードを使うことでリーダーシップを発揮することになります。意外と単純ですが、活用する価値があります。

後からの検索も簡単
――会談・商談の技術10：メールまたはリンクトインでフォローする

ビジネス上の関係を構築したい人と名刺交換した場合は、是非とも会談・商談後のフォローをしたいと思います。

基本的にはメールまたはリンクトイン（ちなみに、フェイスブックはプライベート用と考えている海外ビジネスパーソンも多く、一般にはお奨めしません）のいずれかで、お礼及び今後とも関係を築きたいことを伝えればよいでしょう。

一般的には、お会いできたことへの感謝と今後の関係構築のメールを送るとよいでしょう。特に相手のオフィスを営業時間内に訪問した場合は、メールでのお礼が一番オーソドックスだと思います。

メールを一度でも送付しておくことで過去ログが残るので、後で検索が可能になります。「あれっ、名刺がないな」と思って探した経験はないでしょうか。

名刺にはさまざまな情報が載っていますが、一番重要なのは名前とメールアドレスです。他の情報（会社住所、会社代表電話番号）は会社ホームページでも検索できますが、名前とメールアドレスは会社ホームページからは一般に分かりません。特にメールアドレスは、個人情報なので一旦なくすと再度の取り返しがきかないものです。そのため、紛失を避けるためにも、一度メールでお礼を送られることをお勧めします。

一方で、SNSのリンクトインはもっと個人的な関係を築きたい場合に活用できると思います。たとえば、セミナーなどで隣に座った人の話が面白いので今後とも関係を築きたいような場合です。メールと違って相手のプロフィールや投稿が閲覧できるようになるので、個人的な関係がメールの場合よりも発展しやすいのです。

「個人的な関係を築けるな」と思ったら、会談の帰り際に「リンクトインでコンタクトさせていただいてよいでしょうか」と聞くことにしています。

純粋なビジネス訪問であっても2~3回程度会っていれば、リンクトインでのコンタクトを申請しても不自然ではありません。

▼会談・商談の技術番外編：アポが取れない時はジャパンプレミアムを使う

ここまで、アポイントメントが取れた場合の会談・商談でのプロトコールについて説明してきました。

「アポイントメントが取れたら何とかなる。それまでが大変」といった声もあることと思います。

実は、コミュニケーションはアポイントメントを取る前から始まっています。

「この人と会うと何かビジネス上のプラスになる」と思わせることが大切なのです。

もちろん日本でも海外でもアポイントメントは紹介が基本。紹介があればアポイントメントは比較的楽でしょう。

超多忙で本業以外のアポイントメントは断っていた稲盛和夫さんが、京都の経営者から勉強会（現在の盛和《せいわ》塾）を主宰してほしいとの依頼には応じました。それは、義理の弟からの紹介があったからだそうです。

では、紹介者がいない場合はどうするか。

ビジネスパーソンと有識者に対する場合それぞれにおいて、ジャパンプレミアムを活用した方法をお伝えします。

ビジネスパーソン対象の場合は、日本人の特性を生かしたあっと驚く手紙を送ることです。

ある**日本人経営者がアメリカの大手企業とアポイントメントを取るために、和紙でできた巻紙に墨で手紙（英文）を書いて送った**そうです。外国人にも、いや外国人であるからこそ、和紙の巻紙はサプライズの手紙だったのでしょう。

有識者の場合には、有識者の書籍や論文を読み込んで、日本人でなければ気付かないようなコメント（たとえば、「先生の理論は日本の◯◯市場には大いに適用可能です」といったコメントです）を付けた手紙を送ることです。

有識者は自分の書いた本の評判を大変に気にしています。日本人から見たコメントは大変に重宝がられるでしょう。ここでもジャパンプレミアムをうまく使うのです。また、そのコメントに基づき意見交換をするために日本から訪問したいというメッセージを添えれば、多くの場合ＯＫが出ます。

第4章

会食・パーティーを盛り上げる10の技術とすべらないネタ

日本人の9割は正しい自己紹介を知らない

先日あるビジネス雑誌の記事を読んでいたら、日本の某大企業の社長が、「海外でのビジネスに直結した商談はよいのだが、会食は苦手なので極力参加しないようにしている」と話されていました。

海外事業を積極的に展開している企業なので、「社長が会食も積極的に参加されるともっと海外事業が発展するであろうに」ともったいなく思いました。

ビジネスでは、価格や品質、付加価値といった点が大事なのは言うまでもありません。それに加え、長期的な関係を構築したいのであれば、ビジネスパートナーとの良好な信頼関係が重要です。

本章では、日本人ビジネスパーソンが長期的なビジネス関係拡大に活用することができる会食・パーティーにおけるプロトコールをお話しします。

▼〝居酒屋文化の日本人〟こそ、パーティーを大事にすべき

先日、世界各国で人材開発ビジネスを展開しているアメリカ人経営者と会うことがありました。彼は日本でのマネジメントやリーダーシップに関する研修ができるパートナーを探していたのです。

初対面でしたが会合の後に一緒に夕食をすることになりました。夕食での話題は、アメリカなど世界各国の研修のトレンド、日本企業の最近のトピック、休日の趣味の話など多岐にわたりました。一方ビジネス上の直接的な取引の話は一切ありませんでした。

ビジネスの夕食でわたしの人となりを見ていたことは間違いありません(その後受注に繋がったので評価いただいたのだと思います)。

「歴史は夜作られる」という格言があるように、会食やパーティーで事実上さまざまなことが決まっていくことは多々あります。**長期的に信頼関係を築くには会食は不可欠です。**

また、新たなビジネスパートナーを見つけたり、知見を広めたりすることもあります。

ビジネス上の取引に関連する会食・パーティーは、その目的で大きく3つに分けられます。

第一に、あまり知らないビジネスパートナーをよく知る場としての会食やパーティーです。

先ほどお話しした、アメリカ人経営者との会食はこのパターンです。

第二に、新たなビジネスパートナーと出会う場としての会食やパーティーです。

日本人は、知らない人と交流するパーティーやレセプションが苦手です。海外で外国人が参加するのであればなおのことでしょう。

「英語が苦手」とか「仕事以外の話が苦手」といった理由もありますが、一番の理由は、内外《うちそと》を分けて考える日本人にとって、知らない人が多数参加しているパーティーで初対面の参加者と話をすることに慣れていないことが大きな理由です。

パーティーと聞くと、「知らない人と出会えるから楽しみ」というのがイギリス人。

一方で、日本人は、「知らない人が多数のパーティーは会話も大変で骨が折れるな」と考えるのです。

イギリスをはじめ欧米では、ホームパーティーでも知らない人を多数招待してお互いを引き合わせます。日本では知らない人同士を引き合わせるホームパーティーにはあまりお目にかかりません。

パーティー文化の欧米と内輪で盛り上がる居酒屋文化の日本。会食やパーティーを盛り上げるにはこの違いについて十分に分かっていることが重要です。

第三に、すでに取引関係にある相手との関係を深める場合です。

単に1回だけの取引なら、会食やパーティーは不要でしょう。その時、その時で費用対効果が最大であればよいのです。

しかし、ビジネスは中長期的に続くもの。日本人同士でも1年以上継続して一緒に働く人の場合、同僚でも委託先の人でも、少なくとも昼食くらいは一緒に行くのが普通です。

海外であれば、コミュニケーションのギャップがあるので、より食事を一緒にしたほうがギャップを埋めることに役立ちます。

▼日本人が是非とも守りたい3つの基本プロトコール

会食やパーティーのプロトコールは多岐にわたりますが、日本人が間違いを起こしやすいため是非とも守りたいのは以下の3つの基本プロトコールです。

①日本人同士・知り合い同士で固まり過ぎない
②共通言語で話す
③会話を楽しむ

第一のプロトコールは、第1章のプロトコールの原則でもお話しした、**日本人同士または知り合い同士で固まり過ぎない**ということです。

日本人は内外《うちそと》の感覚が強いためか、元々知らない人と社交の場で話をして盛り上がることが苦手です。知らない外国人であればなおさら苦手意識があるようです。そのため、日本人同士、知り合い同士で固まってその中で盛り上がってしまうのです。

しかし、**会食もパーティーも、知らない人や違う国籍の人と知り合うことに意義があると考えるのが世界標準のプロトコール**です。

海外での会食・パーティーや外国人が参加している会食・パーティーでは、是非とも知らない外国人と話すことを心がけましょう。

第二のプロトコールは、**共通言語で話す**ということです。

日本人ビジネスパーソンの失敗としてあるのが、日本語が分からない非日本人がいるにもかかわらず、日本語で会話をしてしまうことです。

これは、日本企業の現地法人などで大変によく出てくる話です。

日本での懇親会でもよく似た風景を見ることがあります。懇親会で日本語が堪能ではない非日本人が１人。周りの人は少しは気を使って英語で話をしますが、だんだんと英語での会話に疲れてきて徐々に日本語の会話になるというパターンです。１人置いてきぼりになる非日本人は「次回から参加するのをやめよう」と思うのです。

このような状況では、やはり良好な関係を築くことが難しくなります。

第三に、**会話を楽しむ**ことです。

当たり前のことですが、会食やパーティーでは、食べたり飲んだりすることではなく、会話に重点があります。会話を楽しみ交流を深めることで、結果的にビジネスにプラスになればよいというものです。

したがって、仕事上の話ばかりではダメであることは言うまでもありません。最悪な状況としては、話題がなく話が続かないということもあるかもしれません。

そのため、事前にネタを十分に仕込んでおくことが大切です。

・相手が喜んで反応してくれるネタ
・相手が知らない情報
・相手を楽しませるネタ

などを予《あらかじ》め用意しておいて楽しむことが必要です。

食べたり飲んだりすることに注力しすぎるのはよくありません。もちろん飲み過ぎはよくありません（この点はわたしも反省することがあります）。

この点と関連して、会食で食べるペースが速すぎることが問題になることがあります。**日本人は食べるペースに割と無頓着の場合があります**。おそらく居酒屋系の懇親会には慣れていても、正式のフルコースには慣れていない人も多いので、周りの参加者の食べるペースに合わせることに意外と気付きません。特に、英語の会話に入ることができないので食べることに集中していると、他の参加者よりも早く食べ物がなくなってしまうのです。大食いや早食いに慣れている男性は要注意でしょう。

わたしは、常に周りの参加者の食べる速度に注意して、自分が少し速いなと思ったら一旦ナイフとフォークを止めて話を聞くことに専念します。レストランであれば、ナイフとフォークは八の字にしておいておけばよいのです。

ではこれら基本となるプロトコールを踏まえて、会食・パーティーにおける10の技術についてお話ししたいと思います。

会食・パーティーの技術1：立食パーティーでは目的を明確化して積極的に動く
会食・パーティーの技術2：「また会いましたね」と言ってさりげなく話しかける
会食・パーティーの技術3：下位者から上位者へ、自分・自社社員を相手に紹介する
会食・パーティーの技術4：服装には常に注意を払う
会食・パーティーの技術5：海外では意外と偉い人と同席するので堂々とする
会食・パーティーの技術6：取引に繋がる商談は少し離れたところで行なう
会食・パーティーの技術7：ホームパーティーを重視する

会食・パーティーの技術８：招待する場合、招待客と菜食主義者とイスラム教徒への対応に注意
会食・パーティーの技術９：盛り上がる一芸を入れる
会食・パーティーの技術10：公式な席次を知っておくことで応用をきかせる

会食・パーティーの技術１：立食パーティーでは目的を明確化して積極的に動く
――誰と関係を構築するかをまず考える

立食パーティーが苦手という日本人は多いと思います。

「知らない人に話しかけて、話を盛り上げる」

これを海外で英語でとなると、まったくお手上げという人もおられるかもしれません。

わたしは、目的を明確化して積極的に動くことで、どんな人も大いに海外でコミュニケーションができると思っています。

・主催者との関係構築の場合
・すでに知っている主催者でない関係者との関係構築の場合

・初対面の参加者との関係構築の場合
の場合に分けてお話ししたいと思います。

① 主催者との関係構築の場合

主催者との関係構築は、主催者に挨拶をすることから始まります。主催者は、会場の入り口に立って挨拶していることが多いです。そうでない場合は主催者を探して、招待へのお礼を言います。仮に会費を払う場合でも招待いただいたことには違いないのでお礼を言うことが大事です。

主催者（パートナー企業の社長等）は忙しいことが多いので、主催者の関係者を探して自分が来ていることをPRすべきです。見つからない場合は受付などをしている人に聞いてみます。「主催企業の○○さんいらっしゃいますか」と聞くのです。もしいない場合は可能であればメッセージを残します。

「近い将来お会いできることを楽しみにしております。日付　署名」といったメッセージを名刺とともに残すとよいと思います。名刺の上に手書きで書いてもよいと思います。**実際にその場所にいたという証明を残すのです。**

I look forward to meeting you in
the near future.

April 10, 2014
Toshi Yamanaka

重要な相手であれば、その後相手からのメール連絡を待ちます。メールが来ない場合でかつアポイントメントを取る必要があるのであれば、1週間後くらいにこちらからメールを送ればよいでしょう。

メッセージをもらっているので、相手は恐縮してアポイントメントに応じてくれる可能性が高まります。

② すでに知っている主催者でない関係者との関係構築の場合

会場で会いたいと思っている関係者を探します。相手が誰とも話をしていない場合には、その場で話しかければよいので大きな問題は発生しません。

相手が誰かと話をしている場合は、近くに寄って行って相手に自分の存在を知らせることはどこでもよくあることです。

問題はその次です。

日本では、目的となる相手が別の第三者と話をしている場合には、その話が終わるのを待つことが多いのではないでしょうか。

しかし、**海外では第三者に対しても自己紹介して一緒に話をすることから始まります**。第三者は会ったことがないので話しかけないほうがよいとか、目的となる相手との会話に割り込むのは失礼だと思ってはいけません。知らなかった第三者にも自己紹介して積極的に話をすることが必要なのです。第三者にとっても新たな出会いの場であるからです。

逆に言えば、**自分の知っている人だけに話をすることは嫌われる**のです。なぜならば、パーティーの場は、不特定多数の人と会話を楽しむ場、知らない人との出会いを楽しむ場であるからです。

ある程度時間が経つと、話し相手を替えるのが立食パーティーのルールです。知らなかった第三者も適宜場を離れるでしょう。そこから目的としていた相手と話をすればよいのです。

「関係者にのみ話しかける日本」と「その周りの第三者にも話しかける海外」の違いを踏まえて立食パーティーで対応しましょう。

③　初対面の参加者との関係構築の場合

では、まったく知らない初対面の参加者との関係構築はどのようにすればよいでしょうか。日本ではあまりないと思いますが、海外では参加したパーティーがまったく知らない人ばかりということがよくあります。

そのような場合には、1人でいる人を探します。どんなパーティーでも知っている人が少なく1人でいる人がいるものです。そのような人に話しかけるのです。状況にもよりますが、わたしであれば、まず自分の名前を語って声をかけることが多いです。相手も話す相手を探しているので、当然対応をしてくれると思います。

その次の質問としては、主催者との関係です。

通常は何らかの取引や関係があると思いますので、取引内容などを聞くことで主催者のビジネスの現状がより見えてきます。（248ページ参照）

今後の関係構築を続けていきたいという場合には、名刺を渡します。翌日メール等で連絡を取ることで関係を構築していくことになります。

さりげなく、でも印象的な自己PR
――会食・パーティーの技術2：「また会いましたね」と言ってさりげなく話しかける

立食パーティーの場は、一般には社交の場であり、ビジネスを前面に出すような場ではありません。しかし、できれば何らかの関係に繋げたいものです。さりげなく、でも印象的にPRする方法をご紹介したいと思います。

第一に、これまでもお話しした通り相手の肩書きや専門性を十分に把握したうえで、**「お会いできて光栄です」というメッセージを強く訴える**ことです。（247ページ参照）パーティーには誰が来るのか、事前に把握しておくべきです。そして、事前に業績や専門分野を十分に調査しておくと話の盛り上がりが違ってきます。

第二に、**相手の関心事項に配慮してサポートする**ことです。

相手の関心事項に合致した人を紹介できる状況にあれば、是非ともその場で紹介したいところです。主催者が日本人で外国人の参加者が多数の場合に、外国人参加者と話すときにはこの方法が使えます。

「日本の○○商事の方なら知っていますよ。今回のパーティーにも来ているはずなので、探してご紹介しましょう」といった方法で紹介するのです。（247ページ参照）

第三に、**「またお会いしましたね」と言って親しくなる**パターンです。

そもそも1回のパーティーで親しくなることは稀です。

しかし、何回も会うと親しくなることがあります。2回目くらいに会う人に、親しげに話をすることは効果的だと思います。

前回話しかけていなくても、「以前別の会合でお顔をお見かけしてお話をしたいと思いました」などと言って話しかける方法もあります。（247ページ参照）

第四に、**配偶者と一緒に参加する**ことです。

社交の場では、配偶者と一緒であるかどうかによってまったく違ってきます。夫婦単位での行動は会食やパーティーのプロトコールです。法律上の結婚でなくても問題ありません。また、男性が成人した娘と出席することはプロトコール上は問題ありません。元首相の村山富市《むらやまとみいち》氏は、首相としての外国訪問の際に、奥さまが病気で同行できなかったので、すでに結婚していたお嬢さんと一緒に海外に行かれていました。

もっとも、子供といっても一般的に高校生以下は望ましくありません。海外の大人の社交の場に高校生以下が出てくることは、カジュアルなホームパーティーを除いてありません。海外では、日本以上に大人と子供の間には線を引くのです。

以前イギリス駐大阪総領事邸でのパーティーに招待された際、総領事夫妻のお子さん（中学生か高校生）は冒頭に訪問客に挨拶しただけであとは自室に戻っていました。

紹介されたら必ず立つ
——会食・パーティーの技術3：下位者から上位者へ、自分・自社社員を相手に紹介する

会食やパーティーで紹介したり、されたりする場合、誰を誰に紹介するかは重要なプロトコールです。

前掲『国際ビジネスのためのプロトコール』によると、伝統的に言われている紹介の順番のルールは以下の通りです。

・下位者を上位者に
・後輩を先輩に
・年少者を年長者に
・男性を女性に
・未婚者を既婚者に

しかし、この方法を現在のビジネスにおいてそのまま実践するわけにはいかないと思います。「男性を女性に」のルールをはじめ現在のビジネスではそこまでの紹介の細かいルールはなくなっているからです。

ビジネスの現場では、自社か他社か、上位者か下位者であるかが分かれ目です。

そのため以下のプロトコールでよいと思います。

・自社社員を他社社員に
・下位者を上位者に

「自社社員を他社社員に」というのは、相手側の他社社員から見ればまったく逆の話になります。そのため、このままでは双方が先に自社社員を他社社員に紹介し合うという変なことになります。

これは、実際のビジネスの現場では、

・訪問した方を訪問の相手方に
・パーティーなどでは近づいて行った方を相手に

で場合分けをすればよいと思います。

その他紹介において重要なことは、**座っていた時に紹介されたら必ず立つ**ことです。日本人同士でも、紹介されているのに座ったままだと、相手に失礼な印象を与えます。世界どこでも同じことです。

また、相当特殊な場合ですが、王族に紹介を受けた場合は、女性はカーテシー（curtsy）と呼ばれる方法を取りながら握手を受けます。カーテシーとは、一方の足を引き、膝を曲げるお辞儀のことです。

「そんな王族が来ることはめったにないだろう」と思われるかもしれませんが、王族のいる国は意外と多いもの。わたし自身も、このようなカーテシーの挨拶をパーティーで見ることがありましたので、知っていて損はないと思います。

▼クールビズは世界標準ではありません
——会食・パーティーの技術4：服装には常に注意を払う

海外でのパーティーで気を付けたいことに、服装があります。

「たかが服装、されど服装」

であり、服装で失敗すると周りから違和感を持たれて効果的なコミュニケーションができなくなります。

最近のビジネスパーティーでは服装にはこだわらないことが多くなりました。そのため、普段のスーツ姿でOKである場合がほとんどです。

しかし、日本と海外では服装についていくつかの違いがあるので、注意をしたほうがよいことがあります。

最近日本では、夏（といっても5～10月の半年間）の間クールビズが当たり前になり、服

天皇・皇后両陛下にカーテシーの挨拶をするダイアナ妃
（１９９５年2月）

装の自由化が一気に進みました。２０１３年10月にタイのバンコクで開催された国際会議に出席した際、バンコクは10月でも暑いだろうしノーネクタイでよいだろうと思って出席したらタイ人も欧米人も皆スーツにネクタイ姿。大いに恥をかいたことがあります。

パーティーは少しくらいドレスアップしていったほうが主催者への敬意になります。カジュアルなホームパーティーであっても、イギリスの伝統あるタイであるアスコットタイをしてくるイギリス人が結構います。パーティーが華やぐことは言うまでもありません。日本国内での服装と海外での服装は、習慣が違うことをまず認識することが重要でしょう。

その中で、日本人ビジネスパーソンがやってしまうミスとして「平服」(lounge suit)の意味の取り違えがあります。**平服というのは「礼装でなくて」という意味**なので、一般的には男性であればスーツ、女性であればスーツをはじめとしたビジネスでの一般の服装のことを指します。**「平服」と書いてあるので普段着であると誤解してゴルフウェアで参加しないようにしましょう。**

また、海外の結婚式では、日本風の黒いフォーマルウェアに白いネクタイというのはやめたほうが無難です。下手するとお葬式を連想させる悪い印象になります。わたし自身海外での結婚式に多数出席した経験から、日本での結婚式でも白いネクタイをすることはな

たかが服装、されど服装　正礼装と略礼装の知識は持っておくべき

	男　性	女　性
〈夜・正礼装〉	ホワイト・タイ （燕尾服）	ロングイブニング・ドレス （ヒール丈又はトレーン丈）
〈夜・準礼装〉	ブラック・タイ （タキシード）	セミイブニング・ドレス 又はディナー・ドレス （くるぶし丈又はヒール丈が正式。最近ではショート丈も可）
〈昼・正礼装〉	モーニング・コート	アフタヌーン・ドレス
〈昼／夜・略（礼）装〉	平服 （ダーク・スーツ、ラウンジ・スーツ）	平服 （ワンピース／スーツ等）

（出典）外務省ＨＰ

くなり、最近はアスコットタイを締めています。

ビジネスパーソンが受け取る海外での招待状で多いのは、ブラックタイの指定です。これはタキシードのことです。夜の礼装（マナー本によってはタキシードは準礼装とされています）とされています。女性であればイブニングドレスになります。男性の場合、燕尾服のほうがよりフォーマルですが、めったに着ることはないと思います。正式の礼装は昼間であればモーニング・コートになります。

海外では意外と偉い人と同席するので堂々とする
――会食・パーティーの技術5：あまりにも遜《へりくだ》るのは見苦しい

海外では日本で想像している以上に、地位が高い人と同席する機会が多数あります。

特に比較的小さい新興国の日本法人の代表となると、駐在国の大統領・首相・閣僚のなどの政治家、あるいは現地の財界人のトップと会うこともあるでしょう。常にそのような可能性があることを認識しておくことが重要です。

日本だと階層があり、社会的に地位のある人には上位者が対応することが普通でしょう。しかし、**現地法人では階層が多くはなく、自分で対応することが増えるのです。**

突然財界の大物や大臣クラスの政治家と同席する機会が来ることもあるのです。

日本人は、時として遜《へりくだ》り過ぎることがあります。相手に対して敬意を示すのはよいのですが、必要以上に恭しくすると見苦しくなります。**地位が高い人と同席した場合、敬意を表しつつ堂々とすることがグローバルコミュニケーションでは重要**です。

会食・パーティーの技術６：取引に繋がる商談は少し離れたところで行なう
──「少し場所を動きましょうか」と声をかける

そもそも会食やパーティーではどの程度商談をするのかという問題があります。

ここでいう商談とは、ビジネスの取引等に直結する話し合いを指しています。一般的にどんな仕事をしているかとか、経済状況はどうかといった話はしてもかまわないでしょう。

また少人数の会食で関係者のみが参加している場合は、商談をすることは何ら問題ないでしょう。

一方で大人数の会食やパーティーで商談の直接的な関係者がいる場合は、関係維持構築が目的なので商談そのものはしないのが原則ですが、必要性があり周りの状況が許せば問題ないと思います。**「少し場所を動きましょうか」と言いながら少し離れた席に移動するか、ホテルであれば会場の外のソファなどに移動**して、周りの人が聞こえない状況を作って商談をしたらよいと思います。

周りの人が聞いているのに大声で商談をするのはＮＧですので、注意をしてください。

一方で、会食にはワーキングランチ、ワーキングディナーなど、仕事をしながら食事をすることを前提にしている会食もあります。

特に時間が限定されている国際会議や国際交渉の場では、ワーキングランチは頻繁に行なわれます。

アジェンダ（式次第）にワーキングランチと書いてあれば、ランチをしながら仕事の話をすることが決まっていることになります。その場合、話し合うテーマも決まっていることが多いです。

自宅に呼ばれるのは名誉なこと
——会食・パーティーの技術7：ホームパーティーを重視する

世界標準のプロトコールでは、お互いに自宅に招待することが最高のもてなしです。レストランでもよいのですが、自宅のほうが一般的にベターです。

「今度自宅に食事に来ませんか」と誘われたら、相手が自分との関係を重視している名誉なことと思うべきです。

逆に**日本は、世界でもっとも自宅に他人を呼ばない国ではないかと思われるくらい一部の人を除き自宅に招待することがありません。**そのためホームパーティーにはあまり慣れていない人が多いのです。

幼稚園から小学校低学年くらいの子供とそのお母さんくらいであれば行き来があるようですが（我が家でもかつてはそうでした）、それよりも子供が大きくなると自宅に行くことが少なくなります。

自宅が狭い、料理が大変、子供の受験や勉強があるなど、さまざまな理由があるでしょう。

しかし、世界標準での自己PRを考えた場合、ホームパーティーの重要性を認識し、そこでのコミュニケーション術を習得することが重要です。

▼ホームパーティーでのプロトコール
〜時間・手土産・紹介・座り方で注意すべきこと

ホームパーティーでのプロトコールでは何が重要でしょうか。

招待された場合は、以下の5点が重要です。

第一に、到着時間。

国にもよりますが、一般には招待時間ちょうどか10分以内に伺うようにし、それ以上遅れる場合は連絡します。また、**あまり早く行き過ぎるのも準備する側には迷惑な話です。**主催者は時間を気にして準備をしています。

パーティーの開始時間ですが、日本では夜の会食は一般に19時くらいスタートが多いでしょうが、海外の場合はもう少し遅いスタートのことも多いので、20時からとか21時からと聞いても驚かないようにしてください。

到着直後に、招待してくれた主催者に挨拶すべきことは言うまでもありません。

第二に、お土産。

状況によるのですが、一般的にはせいぜいお花かワインなどを持っていけば十分であると思います。**日本人は多くのものを持っていきすぎる傾向にあると思います。**

第三に、参加者への挨拶。

はじめに、食前酒やオードブルなどが出されて歓談することになると思います。その段階で、自分が会ったことがない初対面の人がいれば挨拶をしておきます。パーティーを主催したホストやホステスが紹介をしてくれることもあるでしょうが、彼らは他の些事《さじ》で忙しいこともあるので、自分からどんどんと話しかけることが望まれます。

ホテルでの立食パーティーであれば、よほどの少人数でない限り全員に話しかける必要はありません。しかし、**ホームパーティーの場合は、できる限り全員に話しかけるほうが無難です**。その際に名刺を渡してもよいですし、渡さなくても問題はありません。将来的に関係を発展させたいのであれば名刺交換をするといったくらいでよいと思います。

また、話をする際には、男性ばかり、女性ばかりにならないように注意しましょう。日本人がホームパーティーに出席した場合に最もやりがちなミスは、

・日本人ばかり集まる
・知っている人ばかり集まる
・男性ばかり、女性ばかり集まる

ことです。

第四に、座り方。

しばらくの歓談の後、食事になると立食形式の場合を除き、席に座ります。事前にホストやホステスが決めている場合も多いかと思います。決めていない場合は、さりげなくホストやホステスに確認をして、極力知っている人同士、男性同士・女性同士座らないよう

にします。特定のテーブルで他の参加者が分からない特定のテーマだけで盛り上がっているというのは、あまり美しくありません。

座った場合、左右、前・斜め前の人に分け隔てなく会話をすることは、日本人同士の会食と同じです。

食事が終わるとデザートが出たり、食後の歓談をするのが一般です。そこでは、食事の際に話ができなかった人に話しかけるなどして極力多くの人に目配せをしているという姿勢を見せるとよいでしょう。

第五に、帰る時間。

もともとの招待状に終了時間が書いてあれば、原則その時間の10分ほど前には退去するようにします。終了時間が書いていなければ、帰る参加者が出てきたら適宜自分も退去します。

もし早くに退去する必要がある場合は、事前にホストとホステスに話をしておくほうがよいでしょう。そうでないと早い退出はホストやホステスに対して、「パーティーが不満だったのかな」といった印象を与えてしまいます。

そして翌日には、必ずお礼状を郵送するか、メールや電話でのお礼をします。これは必ず忘れないようにしましょう。

相手との関係や状況にもよりますが、**できる限り自宅に招待し返すことが重要**です。プロトコールは対等主義が原則なので、招待されたら原則として招待し返しましょう。

料理は事前にチェックせよ

▼——会食・パーティーの技術8：招待する場合、招待客と菜食主義者とイスラム教徒への対応に注意

招待する場合にまず注意すべきことは、招待者です。関係が明らかに悪い国同士の人を招待することには、注意が必要です。たとえば、アメリカ人とイラン人は、お互い知り合いでなければ少人数のパーティーで同時に招待することは避けたほうが無難でしょう。

もっとも、国同士の関係が悪くてもビジネスパーソン同士の関係は別ということも多いので、過度に気にする必要はありません（国家機関が勝手に関係を悪化させている面があると感じています、ビジネスパーソンには迷惑な話ですね）。

菜食主義者やイスラム教徒に対しては、事前に料理を十分確認すべきです。

まず菜食主義者について。

実は**菜食主義者にとっては日本は地獄**だということをご存じでしょうか。

そもそも欧米を中心に、世界には菜食主義者が多数います。また、牛肉を食べないヒンドゥー教徒が多いインドのように菜食主義者が多い国もあります。このような事情があるので、少なくとも世界の大都市では菜食主義者向けのメニューが充実している場合が多いのです。

しかし、日本は大都市でもレストランで、菜食主義者用のメニューはまだ一般的ではありません。普通のレストランで食事をすると肉や魚の定食が出てきます。菜食主義者は、肉はもちろんのこと多くの人は魚も食べません（人によりますが）。また卵まで食べない人もいます。そうなると日本の普通のレストランでは食べるものがなくなるのです。

イスラム教徒が豚肉を食べないことは多くの方がご存じのことと思います。

ヒンドゥー教徒は牛肉を聖なるものと見ているから食べないのに対して、イスラム教徒は豚肉を不浄なものとみているので食べないのです。理由がまったく逆である点は押さえておいたほうがよいでしょう。

イスラム教徒は豚肉を食べないが、牛肉は食べるので問題ないだろうと思って、牛丼を出すと大変なことになります。

イスラム教徒は原則として、「アッラーの御名によって。アッラーは最も偉大なり」と唱えながら喉のあたりをイスラム教徒によってナイフで切断された肉しか食べないのです。

日本では完全にイスラム教の方式に則った料理は難しいのが現状ですが、本当に重要な会食であれば、一流ホテルに依頼してイスラム教徒用の食事を準備したほうがよいでしょう。

プロ級でなくても大丈夫
——会食・パーティーの技術9：盛り上がる一芸を入れる

ホームパーティーを自宅で開催する場合、何か一芸があると大いに受けると思います。

わたしは、前にもお話しした通り6年前からプロ噺家の桂出丸師匠について落語を学んでいます。毎週のように稽古をして、数カ月に1回程度素人落語会を開催してお客さんに聞いてもらっています。

英語小噺も独自に練習をしていますので、外国人を招待したパーティーで落語を披露したこともあります（決してうまくはないので自慢できるものではありませんが。冷や汗）。

・何か音楽ができる
・写真をたくさん撮っている
・お茶を習っている
・生け花ができる

など**一芸のある方は、ホームパーティーを開催する際に是非とも披露してください。**決してプロ級でなくても結構です。わたしの落伍でも通用するのですから。

男女は交互に座らせる
——会食・パーティーの技術10：公式な席次を知っておくことで応用をきかせる

公式な会食をアレンジする場合には、席次に注意をしてください。

公式な会食を開催することは多くはありません。しかし、公式のプロトコールを知ることで、一般のビジネスランチやディナーを着席形式で行なう場合、自然で適切なものになります。

食事会は、正式には男女が交互に座ります。

食事会のプロトコール

主人や主夫人の右隣に、高い順位の人が座る。

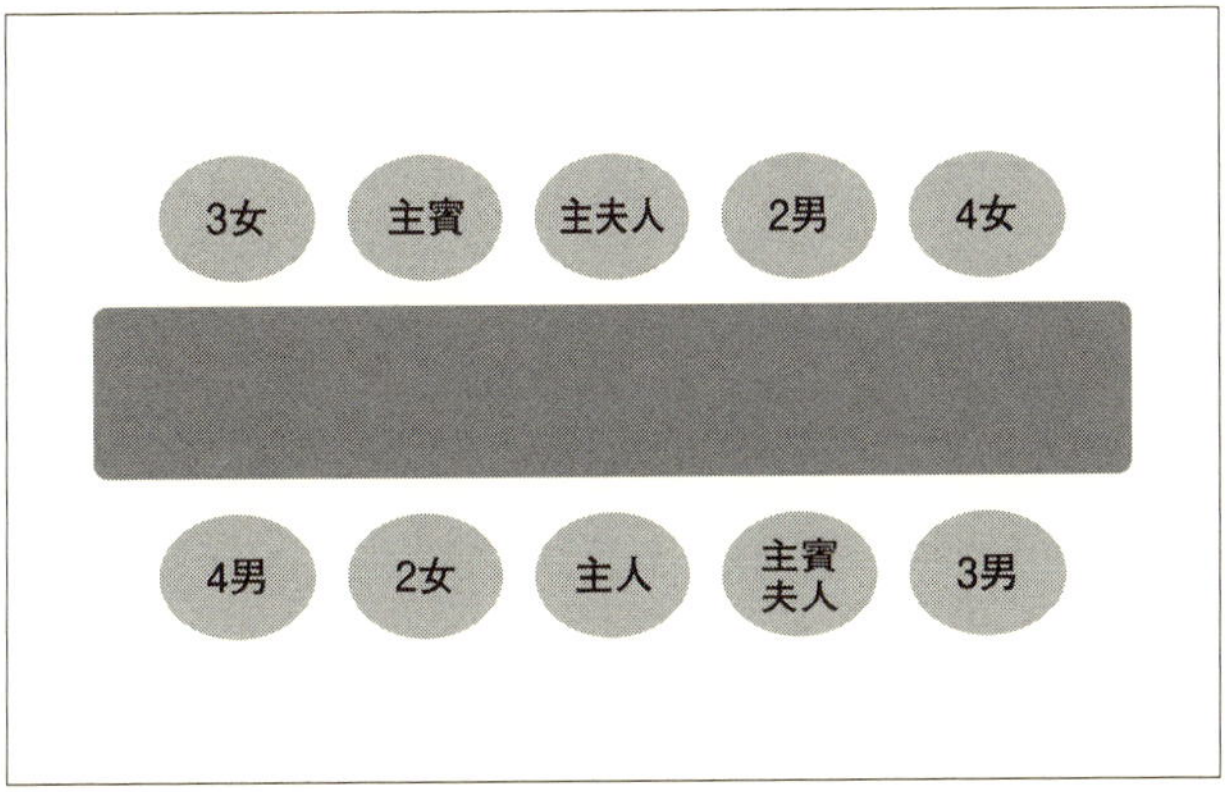

夫婦単位でない場合は以下のような座り方になる。

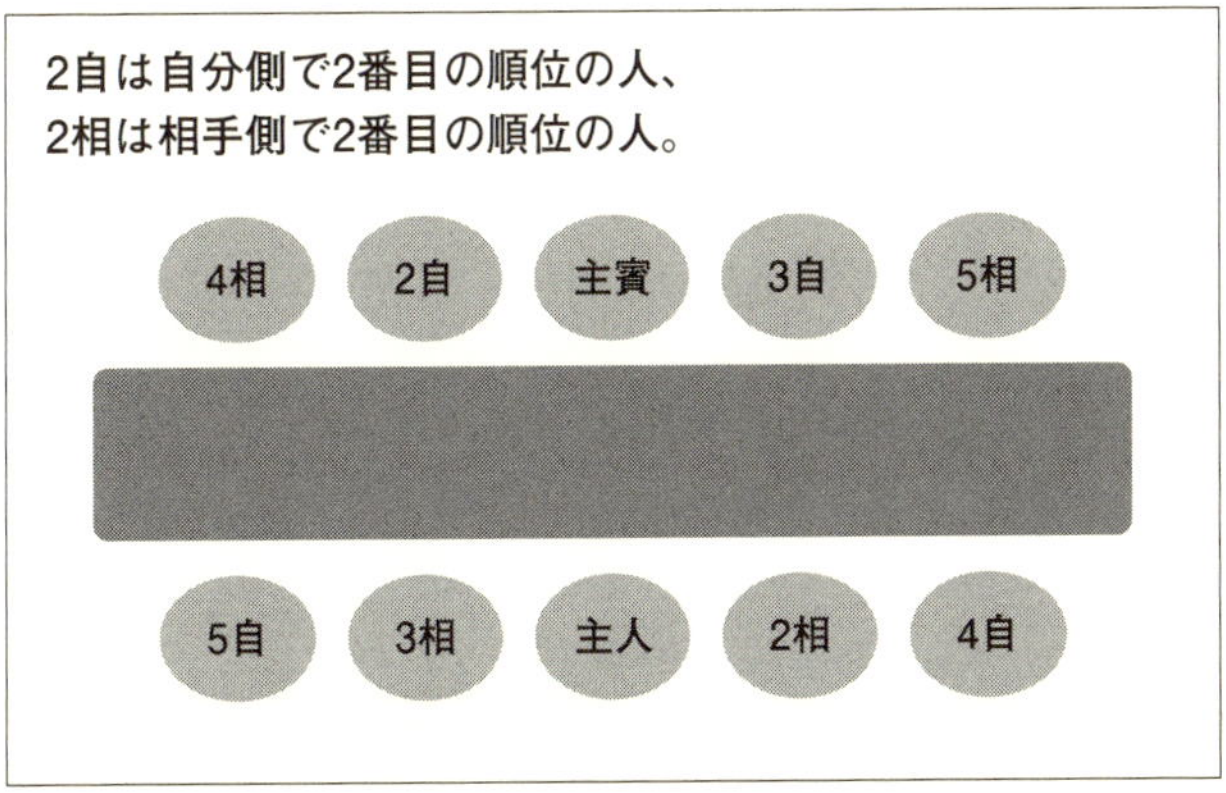

（出典）外務省ＨＰを基に著者作成

日本の宮中晩さん会などのニュースが流れたら確認をしてください。天皇の隣の一方には大統領や国王といった相手方男性元首の夫人が座っています。正式のディナーであれば隣は異性の参加者なのです。公式の晩さん会では異性の参加者との会話で盛り上がることが大切です。

座り方は、夫婦単位の場合、前ページ上のような座り方になります。便宜上主催者及び招待者が男性の場合を想定しています。2男とは、招待客の中で2番目の男性、2女は2番目の招待客の配偶者を指します。

席次のプロトコールは右優先です。そのため主人や主夫人の右隣にまず高い順位の人に座ってもらいます。

女性が端に来ないように入れ替えたり、夫人が不在の場合や招待客が女性で夫不在の場合は、男女比などのバランスを考えて適宜対応します。

夫婦単位でない場合、前ページ下のような座り方になります。2自は自分側で2番目の順位の人、2相は相手側で2番目の順位の人です。男女は関係ありません。

現在のビジネスのディナーではそこまで男女交互といったディナーは少ないと思います。

しかし、

正式ディナーでは国旗をどのように立てるか

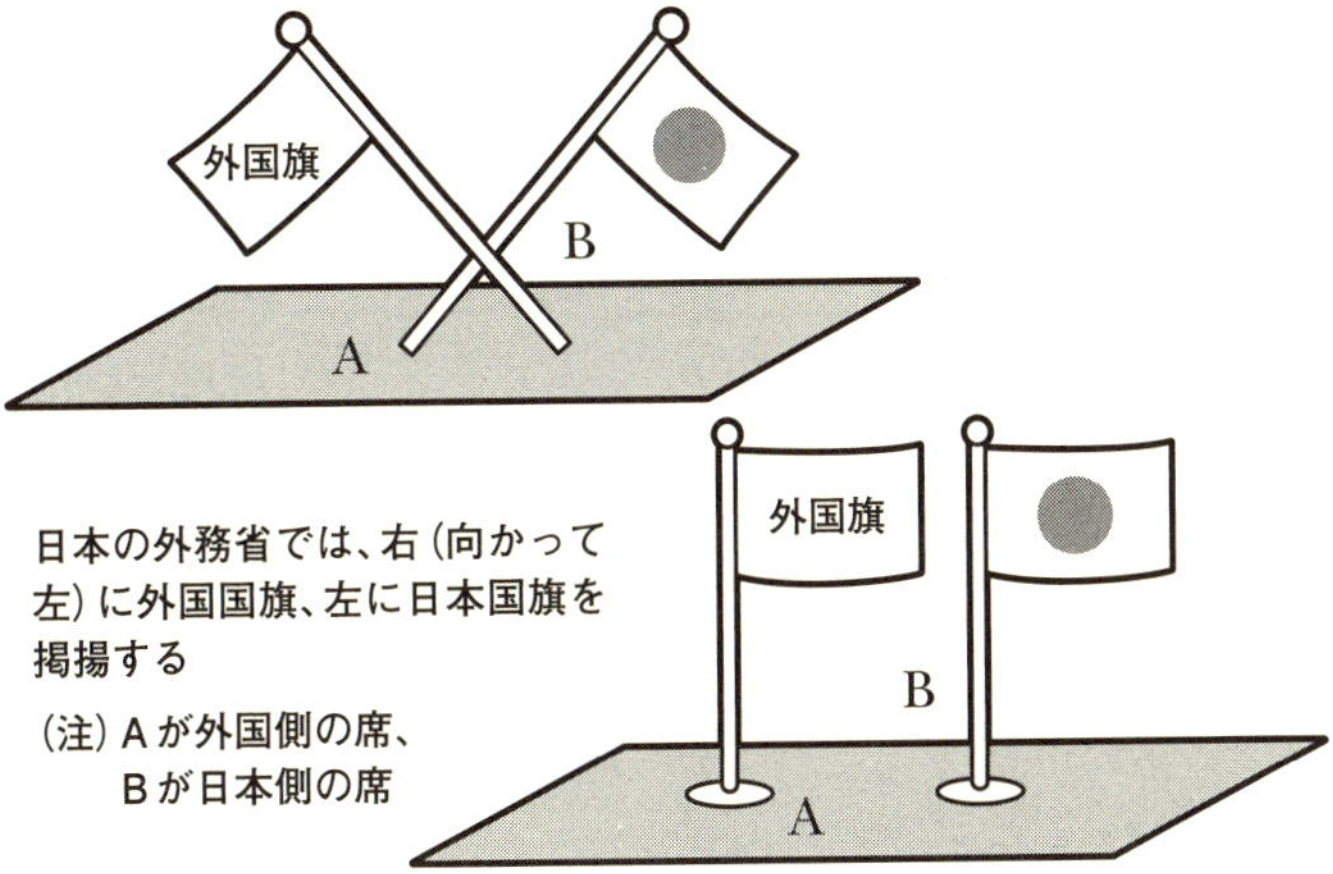

日本の外務省では、右（向かって左）に外国国旗、左に日本国旗を掲揚する
（注）Aが外国側の席、
Bが日本側の席

（出典）外務省ＨＰ

・できれば男女を交互に座らせる
・女性はできれば端にしない
・主賓の前や右隣に重要な人を座らせる

などについては一般のビジネスランチやディナーでも十分に活用することができます。

なお、正式ディナーで、２国の国旗を立てる場合があれば、日本の外務省では、外国に敬意を表すという意味から、右（向かって左）上位に外国国旗を、左（向かって右）下位に日本国旗を掲揚します。なお、これは国による違いがあり、アメリカでは自国を右（向かって左）に置きます。

▼臨機応変の対応が大事と認識した サウジ石油大臣とのハプニング会食

わたしが参加した会食で思い出深かったのは、サウジアラビアでの日本の皇太子殿下歓迎晩さん会でした。主催したのはサウジアラビアのアブダッラ皇太子（２０１４年４月現在国王）です。

１９９４年11月に皇太子さまと雅子さまがサウジアラビアを訪問しました。ご夫妻の結婚後初めての公式外国訪問はサウジアラビアだったのです（途中中継地のタイを除く）。

サウジアラビアは、女性は原則アバヤと呼ばれる黒い服装を着ることが義務づけられています。雅子さまの服装をどうすべきかを含めて、サウジアラビア政府とさまざまな事柄を詰めることなども経験しました。

外交においては、そのカウンターパートにあたる人がおもてなしをすることが原則です。対応ということには、会談の相手であることに加えて晩さん会を主催することも含まれます。

会談だけで晩さん会や午さん会（午後早い時間に開かれる会食）が開かれないことはあり

アラブ女性の伝統的な衣装「アバヤ」。
通常は体の線が見えないように全身を包み、黒いものがほとんど
（２０１２年　東京都内で開かれたファッションショー）

ますが、天皇や皇太子の公式訪問の場合は必ずと言ってよいほど相手国の元首や皇太子による晩さん会や午さん会が開かれるのです。

わたしは、当時サウジアラビア日本大使館の二等書記官でした。

ちなみに、大使館の序列は、大使、公使、参事官、書記官、理事官といった順番になっています。書記官は一等から三等まであります。当時26歳のわたしは二等書記官というぺ・い・ぺ・いでした。

下っ端のわたしは、皇太子さまの一行と一緒に動く役でした。アラビア語ができたので現地の警察や政府・サウジアラビア王宮関係者との連絡役を担当していたのです。

皇太子さま一行と一緒に動く中、晩さん会会場に到着しました。会場の外で待機しているといきなりサウジアラビアの王宮関係者が、「中に入って、座るように」との指示。晩さん会に参加する予定はまったくなかったわたしは、「えっ」と驚く暇もなく、中に入れられました。そして座るように指示された場所の周りには、サウジアラビアの大臣級の高官が座っていました。特に斜め前には、新聞雑誌によく登場する世界的な著名人の顔。サウジアラビアのナイミ石油大臣でした。サウジアラビアの石油大臣といえば、世界の石油市場に巨大な影響力を持つ超ＶＩＰです。

外交プロトコールでは、大使館の下っ端書記官が大臣と対等な会食の席で歓談をするこ

とはありえないのです。驚くとともに、身震いがしました。

ナイミ石油大臣を除いても、わたしの周りはサウジアラビアの大臣級の要人ばかり。ここは得意の？　アラビア語での会話で、日本について少しでも好印象を持ってもらうように努力するしかありませんでした。

わたしのアラビア語のレベルは必ずしも高くはありませんでしたが、2年間のエジプトでの下宿生活を経て会話ができ新聞が読めるレベルではありました。

「いったい、どのような話題をすべきだろうか」

予め分かっていれば何か準備をするのですが、突然のことで準備ができていません。まず、皇太子歓迎晩さん会という非政治的な社交の場なので、相手が石油大臣とはいえ石油に関連する政治や経済の話は相応しくないと考えました。天皇をはじめ皇族は、外国の要人とお会いになる際、政治向きの話をすることはありません。石油は国際政治経済の動向を決める大テーマのひとつであり、どのように話を持ってきても場に合わないのです。

「アラビア語ができる日本人は決して多くはないので、自分が経験したアラブ文化やイスラム文化の素晴らしさや日本文化との対比や共通性などの話が適切ではないか」

と思い話を始めました。

・エジプトでの下宿先では毎日アラブ料理を食べて、断食月（ラマダン）も経験したこと

・貧しい人への寄付であるザカート（喜捨《きしゃ》）などイスラム教の教義や習慣には、日本人からみても大変に素晴らしいものが含まれていること
・日本と中東の関係をもっと拡大させたいと思っていること
などの話をアラビア語でした記憶があります。相手からすれば大変に拙《つたな》い話であったと思います。冷や汗ものでした。

つらいのは、相手に質問を多くできないこと。

なぜならば、相手は世界的著名人であり、特にサウジアラビアに駐在している外交官であればサウジアラビアという国の文化や歴史については詳細に知っていることが前提であるからです。不用意に相手の経歴などを聞くと、

「サウジアラビアに駐在している日本人外交官はそんなことも知らないのか。こんなレベルの低い者を駐在させているのか」と思われ、大きなマイナスです。

「事前に分かっていれば経歴を詳しく読み込んで質問も準備できたのに」と思いましたが、後の祭りです。

どちらかというとわたしが話すような展開になってしまいましたが、さすが世界標準のプロトコールを分かっているナイミ石油大臣は頷《うなず》いて聞いてくださいました。

この経験からわたしは、以下のような自己ＰＲに関する教訓を得ることができました。

第一に、プロトコールは絶対ではなく国による例外も多数ある。大使館の二等書記官が大臣と対等な形で同席することは、席次を重視する国家間のプロトコールからはありえないことです。

しかし、サウジアラビアという欧米発祥のプロトコールからは遠い地域である点を考慮すれば、通常のプロトコールとは違うことが起こるのはいわば当然なのです。

第二に、**プロトコールにおいては、とっさの判断が重要である。**

第1章のプロトコールの原則のところでもお話しした、柔軟に臨機応変に対応することの重要性です。

ビジネスでも、

「突然予定していないオーナー社長が登場したので対応に困った」

「急にキャンセル者が出たので会食の意味が大きく減少した」

といったことは常に起こるのです。想定外を想定することが重要です。

第三に、このような突然の場合を想定して、**話題については常に準備しておくことが重**

要であることです。

ビジネスパートナーの社長と1分、10分、60分の時間があればいったいどんな話をするだろうかと常に考えて準備をしておきます。

ビジネスランチやディナーでの効果的な話題の作り方については後で詳しくお話ししますので、ご参照ください。

▼「相手を楽しませる会話」はビジネスで最強の武器

これまで形式面のプロトコールについてお話ししてきました。

しかし、多くの皆さんがお気づきの通り、重要なのは会話の内容です。会食やパーティーでTPOに合致した相手を楽しませる会話ができることは、ビジネスで最強の武器のひとつです。適切な会話が信頼関係を生み、「あの人なら」と思ってもらえるのです。

決して流暢《りゅうちょう》に話しましょうとか、ユーモアで笑わせましょうといったことではありません。外国語を流暢に話すということは、相当勉強して場数を踏んでいてもなかなかできないものです。**流暢でなくても、ゆっくりと分かりやすく話すのが重要**です。

また、第2章の自己PRの技術でもお話ししたように、ユーモアもあったほうがよいと思いますが、無理にユーモアを入れる必要はありません。

日本語でもやたら笑わせようと無理をした会話は疲れますよね（わたしは関西人であり、落語もやっているので笑わせようと無理をすることがあるたちですが）。不自然になるくらいだったらユーモアを入れるよりも笑顔で頷くことに徹したほうがよほど会話は弾みます。相手の話に興味を示し、いろいろと質問をすることで、聞き上手になることもとても重要です。

ジョークに関しては、ひとつか二つ英語で覚えて、必要に応じて使う程度で十分かと思います。

何か急に人前で話をしなくてはいけなくなった場合に、以下のようなユーモアはいつでも使えると思います。あるパーティーでイギリス人が使っていたユーモアです。

I was enjoying today's party before I was asked to make a speech.
（わたしは今日のパーティーを大変に楽しんでいました。何かスピーチをしなさいと言われるまでは）

▼適切な会話の10個のネタ

それでは、会食やパーティーの場で適切な会話のネタとしてどのようなものがあるでしょうか。

以下の例を参考にしていただければ幸いです。

①　相手の文化や歴史について質問する

一番お勧めなのは、相手の国や都市の文化や歴史をよく勉強して質問をすることです。自分の国について真摯《しんし》な関心を持っている外国人と話をすることを嫌がる人はいません。事前に十分に調べたうえで、分からないことを質問するのです。

すべてについて詳しくなることはできません。その国の代表的な歴史上の人物（韓国であればハングル文字を作った世宗《セジョン》）や代表的文化芸能（英国であればシェイクスピアの劇）について下調べや実際にチャレンジ（劇であれば見るなど）して話題に出すとよいと思います。（247ページ参照）

② その国で流行《はや》っているスポーツについて質問する

次に無難なのはスポーツについてです。国によって盛んなスポーツは違うので、その国で盛んなスポーツについて話題に出します。女性の場合スポーツの話題には強くないことがありますので、相手の関心度合いを見て判断します。

米国やドミニカ、ベネズエラでは野球、中南米や欧州ではサッカー、英国やインドではクリケット、ロシアではアイスホッケーやフィギュアスケート、インドネシアではバドミントンなどの話題を出してみてください。（247ページ参照）

③ 教育の現状について質問する

具体的に相手の子供の教育ではなく、その国の教育事情一般です。小学校、中学校が何年あるかといった基本的な話から大学受験の仕組み、高校生にとって人気のある学部や外国語、留学に行く学生の数など聞くことはたくさんあります。

日本に駐在している外国人が日本の大学受験の現状について詳しくなくてもさほど違和感がないように、教育の現状については事前に詳しくは知らなくてもさほど恥ではないこともお勧めする理由です。

また、教育の現状はその国の将来を占う試金石でもあります。その意味からも教育につ

いて質問し議論することはお勧めです。（246ページ参照）

④　相手国内の観光地について質問する

海外でその国の人に招待されたのであれば、その国の人気のある観光地を聞いてみることも大変にお勧めです。（246ページ参照）

自分の国を知ってもらうことは誰しも嬉しいものです。喜んで答えてくれるはずです。

⑤　週末の過ごし方から趣味の話に広げる

週末をどのように過ごすかも、比較的よく出てくる話題ですね。そこから趣味全般の話に入っていくというのは定番の流れです。（246ページ参照）

⑥　長期休暇の過ごし方を質問する

夏季休暇が長いヨーロッパの国では、長期休暇の過ごし方も是非とも話題に入れたいですね。（245ページ参照）

・家族で1カ月湖畔の別荘で過ごす

・子供は長期キャンプに行かせて夫婦は海外旅行

など、日本では考えられない長期休暇を過ごしている人がたくさんいます。

話が脱線しますが、長期休暇を取らない（取れない）ため、日本人は発想がどうしても貧弱になる面があるのではないかと感じています。以前わたしがホームパーティーを開いた際、3年間の長期休暇をとって世界を旅行しているカナダ人夫婦がいました。3年とまで言わないでも、ある程度長期の休暇を取ることで自らを見つめなおすことは必要ではないかと思います。

⑦ 相手の出身地を聞く

出身地を聞くことはよくあるのですが、そこから会話を発展させるだけの前提知識を持っておくことが大事であると思います。相手国の代表的地名は覚えるようにしましょう。もっとも、出身地は国によっては反対運動の根拠地になっていたりしてあまり馴染《なじ》まない場合もあるので、注意が必要なことがあります。たとえば、宗教も絡んだ地域対立が激しいナイジェリアなどでは出身地を聞くとあえて対立的な会話になる可能性もゼロではありませんので、注意が必要です。（245ページ参照）

⑧ 海外渡航の経験を聞く

海外での会食であれば「日本に来たことがありますか」というのはやはり定番のテーマです。日本に来たことがあるのであれば、日本でどこに行ったか、どこが気に入ったかなどを聞くと会話が弾みます。（245ページ参照）

もし、日本に来たことがないのであれば東アジア、東南アジアなど広げていけばよいでしょう。

欧米人の場合、観光立国ではない日本に来たことのない人はいくらでもいますが、東南アジアくらいまで広げてまったく来たことがないという人は稀だと思います。

訪問したことのあるアジアの国を題材にアジアの文化、共通性や多様性について話し合うのもとてもよいと思います。

また、アジアに関係なく、「これまで行ったことがある国や都市、地域でどこが一番魅力的ですか」というのもよい話題展開であると言えます。

「自分としてはこれまで行った中で〇〇が一番良かった。なぜなら～」といった具体的な回答も用意しておきましょう。（245ページ参照）

⑨ 食べ物について質問する

食べ物の話は誰でも関心があります。海外であれば、その国の食べ物について大いに関心があると示すことで、関係構築の一助になることがあります。

相手国の食べ物で何かひとつ好きになっておくことがお勧めです。わたしはエジプトでの下宿時代、モロヘイヤスープが大好物でよく作ってもらっていました。下宿先での食べ物の話は、エジプト人と親密な関係を築くのに大変役立ちました。(245ページ参照)

フランス人など自国の料理に自信を持っている場合には特に有効でしょう。

⑩ その国の年中行事を教えてもらう

日本でいうとお正月、節分、ひな祭り、お彼岸、花見、お盆、お月見など年中行事があります。昔に比べてすたれてきたとはいえ、お正月に家族で集まり初詣でに行く人は若い人でも多いでしょう。

このような年中行事に関して相手の国について話を聞くのです。(244ページ参照)

もし駐在するのであれば、年中行事の最中に是非とも実際に参加して、堪能してください。相手国の年中行事は、その国の人にとって大変に重要な行事。

イスラム教国やインドには、日本人にはまだまだ馴染みが薄い年中行事が多数あります。次ページはイスラム教徒ヒンドゥー教のお祭りの例です。

相手国の年中行事は、その国の人にとって重要な行事

（例）イスラム教とヒンドゥー教のお祭り

イスラム教

■ 断食明け大祭
（イード・ル・フィトル）

イスラム教徒にとって最大級の祭り。イスラム歴９月（ラマダン）明けの翌月の初日から3〜4日に断食を済ませたことを喜び、貧者に施しをする。家族や友人知人が多数集まり楽しく過ごす。

■ 犠牲祭（イード・ル・アドハー）

断食明け大祭と並ぶイスラム教徒にとって最大級の祭りで、イスラム歴12月（ズー・ハッジ）の10日から3〜4日間家畜を食べその肉の一部を貧者に施す。

■ 預言者誕生日（マウリド）

イスラム歴3月12日。各国で祝日になっていることが多い。

■ 殉教記念日（アシュラー）

シーア派のみの祭りであり、預言者ムハンマドの孫のフセインの殉教日。一部のシーア派教徒が自らの体を鞭打ちして町中を行進する特殊な光景が見られる。

ヒンドゥー教

■ ホーリー祭

春のヒンドゥー教3大祭りのひとつ。春の訪れを祝い、街中で相手構わず色の粉や色の粉を溶かした水などをかけ合う。

■ ガネーシャ祭

8〜9月に西インドで盛大に行なわれる象頭の神ガネーシャのお祭り。各家庭で毎年新しく神像を購入して祀った後、像を川に流す。

■ ディワーリー祭

ヒンドゥー教3大祭りのひとつで富と幸運の女神ラクシュミーを祀るために10〜11月に行なわれる。この時期に買い物をすると縁起がよいと言われ、耐久消費財の消費が伸びる。

▼こんなNG会話は、人間性を疑われる

NGである会話には以下のようなものがあります。これらの会話は、コミュニケーション以前に人間性を疑われます。

①　相手国を見下す会話

第1章でも述べましたが、「見下したりしないよ」と多くの人が思っています。しかし、貧しい国や小国に対しては意外と出てしまうものです。

先日、アルゼンチンで聞いた話ですが、日本人駐在員で失敗するパターンは、自分たち日本人のほうが進んでいるという前提で部下と話をしてしまう場合であるとのこと。

実際のアルゼンチンは、技術面で進んでいる点が多数あります。その国のよい点を褒めたたえることに注力しましょう。

②　人種差別・民族差別に繋がる発言

これも当然ですが、気を付ける必要があります。

たとえば、アメリカ人との会話で、中国人に対する民族差別的な発言をすることもＮＧです。「本人（この場合中国人）がいないからよいだろう」というのは日本人的発想で、世界標準のプロトコールでは通じません。

日本人は、単一民族に近い民族構成なので、民族差別的発言がいかに問題であるかに無頓着な人もいます。当事者のいない第三者の前でも慎むべきです。

その点で、日本人同士でも特定の国や民族の悪口は慎むべきです。日本人駐在員がその国の悪口を言っている場面には相当出くわしたことがあります。そのような悪口はたとえ日本人同士であっても、現地の人に何らかの形で伝わってしまうものなのです。

③　政治・宗教の話は教条主義的な主張でなければＯＫ

会話の話題に相応しくないテーマとして、政治や宗教の話と言われることがあります。しかし、政治や宗教の話はすべて相応しくないという意味であれば、間違いだと思います。

政治や宗教で自分の支持政党や信仰している宗教が正しいことを教条主義的に主張することは、もちろんＮＧです。

しかし、一般的にその国の政治状況を聞いたり、宗教的な習慣を質問することは何ら問題はありません。むしろその国を知るうえで必須のテーマであると思います。

④　歴史の無知からくる話題

歴史について生半可な知識であることからくる話題には気を付けるべきです。その国の旧宗主国に対しては複雑な感情を持っているとか、隣国に侵略されて国民が虐殺されたとかの歴史を知らないで、旧宗主国や隣国を話題にするのはNGになります。

▼国が変わればふさわしい話題・避けるべき話題も異なる

これまでお話ししたことは、いわば世界共通です。

国や地域ごとに好まれる話題、避けたほうがいい話題についてお話ししていきましょう。

ビジネスコミュニケーションとしては、関係構築のために、相手の国民のプライドをくすぐるような質問がお勧めです。

グローバルコミュニケーションは相手の国や地域について詳しくなり、相手の国や地域のよい点を見付けることから始まるのです。

ビジネスにおける社交は、自らの主義主張を全面展開する場ではありません。領土問題や歴史認識について相手と異なった意見があっても一旦抑えて、良好な関係を築くことに注力すべきです。

また、国と言っても同じ国の中に多様な民族、多様な宗教が共存しています。そのためその国のすべての地域や人々においてあてはまるものではないことには十分に注意すべきです。以下の話題の例について異論がありうることは、予めお断りしておきます。

①　中国

〈ＯＫ〉

・自己投資にお金をかけるなどハングリー精神旺盛である理由

・（特に相手が若い場合）アニメの話

（注：中国では日本のアニメが人気がある。日本は嫌いでも日本のアニメは好きという若者は多い。「ドラえもん」や「名探偵コナン」など多数のアニメが中国で放映されている）

・今後の経済発展の可能性

・孔子《こうし》老子《ろうし》など古典が現在の中国人に与えた影響

（注：日本人が中国の古典に関心が高いことを中国人に話すと意外に知らない人が多く、話題

が盛り上がる。ただしある程度事前の勉強が必要）

〈NG〉
・天安門《てんあんもん》事件や民主化運動についての意見を聞く
・南京大虐殺をはじめ第二次大戦の日本軍の行動についての正当化
・尖閣《せんかく》諸島の領土問題について議論する
・チベットやウイグルなど少数民族問題

② 韓国

〈OK〉
・韓国のドラマや映画が日本で人気がある
・国外を向いている人が多い理由、英語力を飛躍的に高めることができた理由
・日本が朝鮮半島から多くの文物を取り入れた歴史について
・日韓以外の国（例：第三国〔例：アメリカなど〕の留学先の大学等）では韓国人と日本人は親しい
（注：日韓は仲が悪いという印象が世界的にもあるが、第三国では日本人と韓国人とは交流が多いとの指摘は多い）

〈NG〉
・第二次大戦の日本軍の行動についての正当化
・従軍慰安婦問題の正当化
・竹《たけ》島の領土問題について議論する

③ インド

〈OK〉
・インド映画やクリケットの話
（注：インド映画はボリウッドと呼ばれインド人に大変に人気がある。インド人と付き合う際にはインド映画を数本見ておくことがお勧め。スポーツではクリケットが人気）
・インド人が信仰心が強いことを褒める
（注：インド人は職場の机の上にヒンドゥー教など宗教の神を掲げていることが多い）
・哲学の国と言われるが、なぜインド人は深く思索するのが得意なのか
・インドは多様な民族や言語がある一方世界最大の民主国家と言われるが、どのように国家としての統一感を作り上げてきたのか
（注：インドは共産党独裁である中国と比較して、民主的な選挙で選ばれた政党が政権を担う

という民主政治を実現してきたことに対して誇りがある）

〈NG〉

・宗教対立をあおるような質問

（注：インドはヒンドゥー教とイスラム教の対立が大変に激しい国。パキスタンやバングラデシュと分離したのは宗教的理由。宗教に関する質問は事前に準備をしたうえで慎重に行なう）

・カーストについての興味本位な質問

（注：ヒンドゥー教徒の中に存在するカースト制度がインドの発展を阻害しているとの指摘は多い。しかし安易に指摘されると不愉快な思いをさせる。カーストについては十分に事前に勉強をしたうえで信頼のできる親しい相手に質問する）

④ イスラム諸国（東南アジアから中東）

〈OK〉

・ラマダン（断食月）などイスラム教徒の習慣について真摯に関心を持って聞く

（注：イスラム教徒は自分の宗教について真摯な関心から質問されることは歓迎する。ラマダンは全世界のイスラム教徒にとって同じ断食を経験するという連帯感を高める重要な行為なので、これらについて質問すると喜んで回答してくれることが多い。ただし事前にある程度調べて

いくこと）
・中世のイスラムの発展の原動力
（注：中世イスラム教徒はヨーロッパキリスト教世界を凌《しの》ぐくらい文化文明が発展した。そのことを誇りに思っているイスラム教徒は多い。もっとも、近世に入って停滞していることには歯がゆい思いを持っている）

〈NG〉
・イスラム教に対する何らかの批判的発言
（注：イスラムの教義や戒律について少しでも批判的な発言は相手との関係を極めて悪化させる可能性が高いので注意する）

⑤ アメリカ
〈OK〉
・IT業界において世界的大企業が米国から生まれる理由
・大リーグで活躍する日本人選手の話
・移民の活躍などダイバーシティ（多様性）先進国である理由
・ジョン万次郎《まんじろう》の話

（注：幕末に土佐から漂流してアメリカに渡り日米友好に尽くしたジョン万次郎は、アメリカで大変に知られている）

〈ＮＧ〉

・人種的民族的差別をあおる発言

（注：人種や民族差別に繋がる発言はどの国でもＮＧだが、アメリカの場合どのオフィスでも多様な民族で構成されているので特に安易な発言に注意する）

・真珠湾攻撃の正当化

（注：真珠湾攻撃は現在もアメリカ人にとって心の傷になっていることを十分に理解する）

・広島長崎への原子爆弾投下の必要性について議論する

（注：広島長崎への原爆投下は日本人の観点では被害を受けたという認識であるが、アメリカでは原爆投下によって日本の帝国主義を終わらせるために必要であったとの認識も強い。社交の場での議論は避ける）

⑥　ロシア

〈ＯＫ〉

・文学や音楽、美術などロシアの文化の奥深さの源泉は何かといった話題

（注：ロシア人はロシア文化に強い誇りを持っているので、ドストエフスキーでもボリショイバレエでも何かひとつについて事前に調べて話題に上げる）
・冷戦時代、宇宙開発など科学技術が発展した理由
〈NG〉
・旧ソ連共産党政権に対する評価
（注：旧ソ連に対する評価は、まだ当時の共産党関係者も多数生存することから社交の話題としては不適切。共産党時代のほうが格差が少なくよかったという声も意外と多いことにも配慮する）
・プーチン政権に対する評価
（注：ロシアは表現の自由が依然として大きく制約されている国。安易に現政権の評価について話題にしない。もっともある程度親しくなれば内輪で政権批判するロシア人は多い）
・少数民族に関する話
（注：ロシアではロシア人以外の少数民族への抑圧がいまだに大きな問題なので、少数民族については安易に話題にしない）

⑦　欧州

〈ＯＫ〉
・各国の芸術文化の話
（注：ヨーロッパはアメリカ以上に芸術や文化のけん引役であるとのプライドが高い）
〈ＮＧ〉
・周辺国との対立関係をあおるような質問
（注：他の地域でも当てはまるが、ヨーロッパは覇権をめぐって古代以来多くの戦闘が繰り広げられた歴史が長い。周辺国とは何らかの戦争や紛争の歴史を有していることが多いので、それらの発言には注意する）
・ナチスをわずかでも賞賛する発言
（注：ナチスを賞賛することは世界のどこでも決して許されないが、欧州やイスラエルでは特に被害が大きかったので注意する必要あり。日本は第二次大戦時ドイツと同盟関係にあったのでナチス問題については特に慎重であるべき）

⑧ ブラジル

〈ＯＫ〉
・サッカーやリオデジャネイロオリンピックなどスポーツの話

・日系人がブラジルで多数活躍している話
・人種差別が比較的小さい国が作り上げられた理由
（注：ブラジルをはじめ中南米は世界の他の国に比較して人種差別が少ないと言われることがある。実際、日系人も社会の中枢で活躍している割合が高く、アフリカ系中南米人への差別もアメリカの黒人差別に比べると小さいとの見方もある）
・中南米の大国としての役割を聞く
（注：ブラジル人は大国意識が強いので、大国として中南米や世界における役割を聞くとインテリ層には比較的受ける）
〈NG〉
・人種差別に繋がる話

⑨ アフリカ（アラブ圏の北アフリカを除く）

〈OK〉
・さまざまな部族が固有の文化を持っていることへの真摯な関心からくる質問
（注：アフリカではいまだに部族がアイデンティティの中心を占めることが多い。部族が固有の文化習慣を維持していることも多いので、真摯な関心は歓迎される。もっとも、多様な部族の

出身者がいる前では慎重に）

〈NG〉

・植民地支配への無理解に基づく質問

（注：植民地支配への遺恨はいまだ存在する。旧宗主国を安易に称賛しすぎる発言は嫌われる）

・アフリカに関与を強める中国への批判的発言

（注：中国はアフリカへの投資を大変に増やしている。日本のメディアではそのような中国の動きに批判的な論調もあるが、現地では中国の投資で雇用されて生活が成り立っている人も多い。安易に中国を批判しない）

・人種差別に繋がりうる発言

・安易に経済発展を賞賛する発言

（注：統計的にはアフリカは毎年の経済成長率が高い国は多い。しかし貧富の差も大きく現実の発展についてはまだまだ満足していないばかりか不満に思っているアフリカ人は多いので、賞賛については事実をよく調べたうえで発言する）

▼日本人として知っておくべき日本の6つの話題

では、日本人として知っておくべき日本の歴史、文化、宗教にはどのようなものがあるでしょうか。

海外では、日本人であれば日本のことが聞かれるのは当たり前です。「えっ、こんなことまで」と思うほど細かいことが聞かれます。日本のことを知らないと思わぬ恥をかくことになります。逆によく知っていれば、自分の知見の深さをＰＲすることができます。

日本のことを質問された時に気を付けるべきことは以下の点です。

第一に、**相手は日本のことを知らないという前提で丁寧に説明する**ことです。

江戸時代と言ってもよく分からないことも多いでしょう。「江戸は昔の東京のことである」などはよほどの日本通ではないと知らないことです。日本人では当たり前のことであっても丁寧に説明しないと分からないのです。

第二に、**偏狭な自国優位主義にならない**ことです。

日本の文化や歴史について説明する中で、日本の文化や歴史が世界に誇れる点を話すことはよいでしょう。しかし、文化も歴史も相対的に見る習慣を持っておくことは大変に重要です。歴史があるといっても、中国やインドに比べたらまったく短いものです。また、美しい神社仏閣があるといっても、多くのイスラム教徒にとっては関心がありません。**日本の文化や歴史を常に相対的に見て、「他国にはどのように見えるか」といった視点を常に大切にして説明していきたい**と思います。そのためには、他国の歴史文化を学び、その国の人になりきって考える訓練が必要です。普段ニュースを見る時でも、他国の人々の立場になって考える練習をしてみてください。

第三に、**相手の国への賞賛も忘れない**ことです。

質問を受けて、日本の文化や歴史について話をすることはよいのですが、同時に相手の国に対しての賞賛も行なうことです。インド人に金閣寺の美しさについて素晴らしいと言われたら、インドのタージマハル廟《びょう》の荘厳《そうごん》な壮大さについても賞賛するように。なんだかお世辞が多いと思われるかもしれませんが、これは自己ＰＲに繋がるビジネス関係構築の一歩です。これくらいでちょうどよいのです。

日本人が海外の社交の場でよく質問される歴史、文化、芸術について、わたしなりに作成した回答例とともに以下に説明します。

回答例はあくまで個人的意見なので、見解の相違もあることでしょう。あくまでもたたき台のつもりで批評的に読んでいただき、ご自身で作ってみてください。

① 日本はなぜ経済成長できたのか

アジアでいち早く経済成長できた理由については、今でも世界から質問されるテーマです。これは第二次大戦後の高度経済成長のことだけではありません。

江戸時代に鎖国をしており、封建時代には停滞していたのに近代国家になると大いに発展したのはなぜかという、より長期的な視点からの質問とセットであることもあります。

・封建時代の江戸時代でも寺子屋が庶民教育を実施しており、明治初期で識字率は世界最高に近いレベルであった。明治以降は全国に大学など高等教育の学校が設立された。この点が近代日本の経済成長に大きく寄与したものと考える。

・第二次大戦後は、電気、自動車などの工業が経済をけん引した。松下幸之助《まつしたこうのすけ》をはじめ創造性のある起業家の存在、経営者に協力的な勤勉な訓練された労働者の存在が日本を先進国に押し上げた。（244ページ参照）

② 日本の今後の経済成長への見込み

ビジネスでは、日本の経済成長の今後の見込みについて頻繁に質問されると思います。「経済は一寸先は闇」ですから、見込みについて安易に語ることは難しい面があります。しかし、自分なりの見解を持つことは大変に重要です。

・確かに失われた20年とも言われるくらい日本経済の成長は止まっている。企業のグローバル化が遅れていること、能力開発に取り組まないビジネスパーソン、弛緩《しかん》した財政規律による行政の無駄遣いなどさまざまな理由があると考える。
・日本経済の将来については楽観視していない。企業が世界を市場として捉えて勝負するイノベーションが必要である。現状に甘んじているビジネスパーソンの能力開発を進めるべきだ。また、GDPの2倍という巨額の国家債務削減に政府は真剣に取り組むべき。
・もっともこれらを克服した後には、元来勤勉な国民性なので日本経済が再び発展する可能性がある。
・海外に関心の高いコミュニケーション力のある若い起業家やビジネスパーソンも育ってきている。東京オリンピック開催決定を機に、海外に目を向けた日本経済の成長を期待している。（243ページ参照）

③ 女性の地位の低さ

特に欧米では、日本の女性の社会的地位が低いという観念が強くあります。わたしが外国人と会話をする際、日本についての頻出テーマです。

客観的事実として、
・上場企業の取締役における女性比率
・上場企業の管理職における女性比率
・国会議員に占める女性比率
などは先進国で最低レベルです。

このような客観的事実を十分に踏まえたうえで、自分の見解を述べるべきだと思います。
・企業の経営幹部や議員など社会の指導的立場にある女性の比率は確かに先進国の中

では高くはない。
・原因には残業が多い日本の会社で女性が働きにくい、男性社員に女性社員を活用しようという意識が低い、専業主婦が税制面などで優遇されている、などがある。
・これらの点を克服するには、男女ともに働き方を変えることや取締役比率の目標設定や選挙におけるクオータ制（たとえば比例代表選挙で候補者の一定割合を女性に割り当てる仕組み）などの改革の実現が必要である。（242ページ参照）

④ 天皇について日本人はどのように見ているのか

日本人同士ではあまり話題にならない天皇に関する質問も、外国人との間では意外と多いのが現状です。世界で最も長く続いているロイヤルファミリーである日本の天皇については、外国人から見ると分からないことが多いのです。

・天皇は日本の歴史上実質的な政治的権力を有したのは、わずかな期間しかない。日本の象徴的な役割を担ってきた。
・災害地への訪問など今上天皇の国民への献身的な行為に対し、敬意を持っている日本人が多い。一方で戦前の日本帝国主義と結びつけて天皇制に対してよく思っていないな

い日本人もいる。（241ページ参照）

⑤ 中国や韓国とはなぜそんなに関係が悪いのか

欧米人やアラブ人から見ると日本人、中国人、韓国人は同じに見えるのです。「近いようなのに日本と中国、日本と韓国は相当仲が悪そうだ。なぜなのか」というのはよく聞かれる質問です。

植民地支配や第二次大戦のことがあるといっても、なぜそこまで仲が悪いのかといった質問です。この質問には、日中、日韓の古代以来の歴史についても触れる必要があります。ある程度の歴史の知識も必要になります。

・確かに政府間では、領土問題や第二次大戦に関する不用意な発言によって関係が冷却化している。また一部の心無い日本人が韓国等に対するヘイトスピーチを行なっており社会問題化している。

・しかし、ビジネス上の関係は、ビジネスの相互利益のある限り拡大をしており、そこまで悪化してはいない。

・また、日本では韓国のテレビ、ドラマは人気がある。日本のアニメは中国で人気がある。民間・個人レベルでは日中、日韓の関係はそこまで悪いとは考えていない。
・日本は歴史的に漢字をはじめ中国文化の多大な影響を受けてきた。また、4世紀から7世紀ころには、中国や朝鮮半島から多数の渡来人が日本に来訪して日本文化の形成に貢献するなど古来から関係は深い。（241ページ参照）

⑥ 日本人はなぜ建前が多いのか、本音を話さないのか

非日本人が日本人に対して抱く印象として、

「日本人は本音を話さない」というものがあります。

海外の専門家が書いた異文化コミュニケーションの専門書を読むと、

「日本人のＹＥＳはＮＯのことがあるので注意するべき」などと書かれています。非日本人から見て、日本人の不可解な点のトップ級にランクされることなのです。

・日本は周囲を海に囲まれており、古来外国人とのコミュニケーションをする必要性が少なかった。そのため日本人同士、日本に住んでいる者同士の会話が発展した。同質性が高い日本社会では「出る杭《くい》は打たれる」ということわざがあるように、強い主義主張は好まれない。

・その結果、明確に主張せずあいまいな回答をすることが多くなった。（240ページ参照）

相手の国の前提知識に詳しくなる

社交において十分に会話を盛り上げるには、ビジネス上直接関係のある国や地域について、その国の概要を知るように意図的に前提知識を強化することが必要です。以下のような概要をざっとでも目を通すだけで、情報収集の効果が大きく違ってきます。

・歴史（建国や独立の時期、旧宗主国、周辺国との支配した・されたなどの関係）
・民族や言語（多くの国には複数の民族が存在しているので注意）
・宗教（主要宗教に加えて、少数宗教の存在にも配慮）
・経済の現状や人口（1人あたりGDP〔国内総生産〕や成長率、インフレ率、財政赤字、国際収支など）
・政治（独裁か民主的か、政府の腐敗度合い）
・産業・ビジネス（どのような産業が発展しているのか、主要企業や財閥名）

また、世界のどの地域にも関心を持つことが重要である以上、直接のビジネス上の関係が薄い地域についても、

・人口や経済規模の大枠（ブラジルの人口は約2億人など）

・民族、言語、宗教の大枠（中南米にはカトリック教徒が多く、ブラジルはポルトガル語であるがその他はスペイン語が多いなど）

くらいの知識は押さえる必要があるでしょう。

「そうはいっても世界史は複雑で苦手」

「大学入試で世界史をとっていないのでよく分からない」

という方は、まずは、**外務省のホームページのトップ面にある「各国・地域情勢」やJETROのホームページにある「国・地域別情報」などを是非とも参照してみてください。**そこから関係書籍やサイトで深掘りしていただければと思います。

▼「世界史」と「世界地理」の高校の教科書をもう一度読んでおく

前提知識の基本は、「世界史」と「世界地理」の教科書です。

高校時代に世界史や世界地理を選択していた人もしていなかった人も、是非とも一度手に取ってみてください。

『**もういちど読む山川世界史**』『**もういちど読む山川地理**』（山川出版社）は、高校の教科書で有名な山川出版社が出している人気シリーズです。

受験用に細かい点を省いて、大人向けに重要な点がまとまっています。

わたしは以下の点に注意して読みました。

第一に、**大枠をつかむことに注力する**。

細かい数字や固有名詞などは、ビジネスに必要になった時点で再度確認すればよいのです。細かい点に意識が向き過ぎると読み進めるのが意外と大変で進みません。

第二に、**全部読むこと**。

高校で学ぶ内容は、ビジネスパーソンとして最低ラインです。他の専門書であればともかく、最低限の基本書ともいえるので、「ヨーロッパ中世は読まない」とか「アジアは中国以外読まない」といった読み方ではないほうがよいと思います。

第5章

日本人の5つの特性を活用して世界でPRする

日本人の9割は正しい自己紹介を知らない

56年ぶりに日本での開催が決まった、2020年の夏の東京オリンピック。

その招致が成功した背景には、日本人の正確で丁寧な仕事ぶり、おもてなしの心、震災から立ち上がろうとする力強さなど、日本人のよさがうまくPRできたことも一因でしょう。

本章は、これまでの章とガラッと変えて、日本人のよさをうまく活用して世界でのコミュニケーションをより効果的に進める方法についてお話ししたいと思います。これまでお話しした世界標準のプロトコールに、日本の独自性やよさを付け加える方法です。

日本にずっと生活していると、外から見た客観的な日本がよく分からないことがあります。

分かっていても、実際にその点をPRするべきなのかどうか、PRするとしてどのような方法でPRするべきなのかが分かりにくいこともあります。

しかし、日本人の強みを世界標準のプロトコールに生かすことは大変に効果的です。

日本人であれば通常持っているだろうと世界で思われている特性と世界標準のプロトコールを掛け合わせることで、一種の相乗効果を生み、大変に強力なPRになるからです。

ステレオタイプが正しいわけではありません。しかし、自国のステレオタイプをうまく使うことで、効果的なコミュニケーションが可能になるのです。

▼「日本人の強み」×「世界標準のコミュニケーションプロトコール」＝「世界最強」

これまでも、ジャパンプレミアムについてお話ししてきました。日本人であることの強みをうまく活用することは、単に話題や話のネタだけに留まりません。特性をうまく活用することでコミュニケーションのレベルが飛躍的に上がります。

ある国際会議でのこと。わたしが国際問題に関して日本の立場について話をしたら、ある出席者が「日本人は謙虚な国民性だからあなたの話は信頼できる」と言ってくれました。後からも見るように、**日本人は一般に「謙虚で自分を押し出さない」と世界で思われています**。

「謙虚で自分を押し出さない」という特性を基に、謙虚さを出してPRすると、「日本人らしくて慎み深い」といった形でプラスに取ってもらえることは間違いありません。

話が脱線しますが、外交用語でソフトパワーという言葉があります。

ソフトパワーとは、国家が軍事力や経済力などの対外的な強制力によらず、その国が有する文化や政策の魅力に対する支持や理解、共感を得ることにより、国際社会からの信頼や発言力を確保することができる力のことです。

日本や日本人が持っている文化的価値や特性、日本の国としての歴史や特徴をうまくソフトパワーとして活用して、ＰＲをしていくことが望まれます。

そのためには、日本や日本人が持っている特性や歴史について客観的に見ていくとともに、その点をいかに活用してＰＲをしていくかというノウハウの両方が必要になります。

これらの点についてお話ししたいと思います。

▼日本のことをもっと知る

研修ワークショップでよく受ける質問に、

「グローバルリーダーとして海外のことを知ることが大事とよく言われるが、まずは日本のことを知ることが大事なのではないか」

というものがあります。

まったくその通りと思います。

日本の特性を知ることで初めて日本のソフトパワーを使うことができるのです。**海外で**

自己PRするには、日本のことを知ることは不可欠です。

では海外でPRをする場合、日本の何を知るべきでしょうか。第4章でお話しした内容と若干重複しますが、以下に整理しました。

第一に、**政治経済やビジネスの現状。**

一般的に日本について聞かれるのは、まずは現在進行形の時事問題です。

2011年は世界のどこに行っても、東日本大震災のことを質問されました。震災被害や復興状況、日本経済への影響などは今も、十分に話せるようにしておくことが必要だと思います。

わたしは、NHKの9時のニュースを音声変換で英語で聞いたり、Japan Timesを購読したりして現在進行形の日本について英語で語ることができるようにしています。

第二に、**歴史。**

歴史は日本を時間軸で相対化するものです。日本史を知ることで日本の世界史の中での立ち位置を知ることができます。不用意な発言を減らす一方、相手の懐に入るコミュニケーションの前提は歴史の知識です。

『もういちど読む山川日本史』（山川出版社）は、社会人向けに日本史について分かりやすく書かれておりお勧めです。


第三に、**日本に関連する主要な文化**。

わたしがグローバルコミュニケーションの観点から特に知っておいたほうがよいと思う日本文化は、以下の通りです。

・2013年世界無形遺産に指定された和食、懐石料理などの繊細な盛り付け
・禅の思想（スティーブ・ジョブズが禅に関心があったことはアメリカ人の間でもよく知られています）
・映画（黒澤《くろさわ》映画、北野《きたの》映画、「おくりびと」）
・アニメをはじめクールジャパンと言われる文化
・仏閣等のわびさびを象徴する建築物（ただし、イスラム教徒を中心に相手の宗教観に注意する）

▼世界にＰＲしたい日本人の5つの特性

日本人が世界にＰＲしたい日本のよさ、特性を５つに絞ってお話しします。

日本人の特性１：謙譲の美徳で相手の気持ちを摑む
日本人の特性２：丁寧で精緻な点を自社の製品サービスに連動させる
日本人の特性３：チームワークが得意であることからメンバーの融和を目指す
日本人の特性４：時間に正確であることを活用してＰＲする
日本人の特性５：伝統文化を大事にすることをＰＲして関心を引く
応用編１：低いと思われている女性の地位を逆手にとって女性の地位向上をＰＲする
応用編２：西洋と東洋の架け橋としての役割からＰＲする

谷崎潤一郎《たにざきじゅんいちろう》も特筆した「人を敬う言い方」
――日本人の特性1：謙譲の美徳で相手の気持ちを掴む

自分を謙譲して相手を敬うことに関して、日本人は世界で突出した傾向を持っていると言われています。

作家谷崎潤一郎は、文章を書く際に参照する本として今でもナンバーワンにあげられる名著『文章読本』において、以下のように書いています。

「われ〳〵の国語には一つの見逃すことの出来ない特色があります。それは何かと申しますと、日本語は言葉の数が少く、語彙《ごい》が貧弱であると云《い》う欠点《けってん》を有するにも拘《かかわ》らず、己れを卑下《ひげ》し、人を敬う云い方だけは、実に驚くほど種類が豊富でありまして、どこの国の国語に比べましても、遥かに複雑な発達を遂げております。」

明治末期から昭和にかけて活躍した文豪がこのように書くほど、日本人の謙譲の美徳は特筆すべきものなのです。

「謙譲はよいことではあるが、ＰＲに逆行するのではないか」

「日本人の謙譲の特性がむしろＰＲにとってマイナスになっているのではないか」

といった声もあるでしょう。

しかし、**謙虚な相手に敬意を払われて嫌な思いをする人は世界にいません**。

自己を卑下するほど相手を立てる日本人の気質を逆手にとって、相手の気持ちを摑みＰＲに繋げていくのです。

たとえば、海外で何か人前で話をする際に、あえて仏壇に手を合わせるように相手に手を合わせるような裏技もあります。

わたしは、稲盛和夫さんが盛和塾の会合で人に感謝をする際に周りの人に手を合わせる姿を見て、日常的に手を合わせる機会が増えました。外国人に対してもすることがありますが、マイナスな反応はありません。海外でもタイなど仏教国が手を合わせることは知られています。相手に尊敬の念を持つ慎み深い人だということでＰＲに繋がるのではないかと思います。

また、謙譲の美徳はハッタリがないことに繋がります。日本人のＰＲには、他の国の人のような一種の胡散臭《うさん》さが少ないのです。そのため、日本人が言うならば信頼しようといった雰囲気があります（もちろんビジネスのタフな交渉など該当しない場合も多数ありますが）。

日本人は海外では言葉数が少ないため、ハッタリはそもそも苦手です。しかしその点が相手の信頼に繋がっているのです。

▼国内では当たり前のことが海外ではPRに使える
――日本人の特性2：丁寧で精緻な点を自社の製品サービスに連動させる

日本人の特性で賞賛されるのは、丁寧さです。何事も丁寧に精緻に行なうことにたけている日本人。この点を世界でPRする際に活用しない手はありません。

たとえば、

「われわれは丁寧さをモットーとする日本企業の〇〇です」

「わたしのデザインは和食のように精緻な美しさがモットーです」

といった形でPRをしてみてください。

日本国内ではたいしたことでなくても、海外で使うとPRとして大いに使えます。

これは物流などでも顕著です。

たとえば、宅配便のように配達時間を指定できるサービスは日本以外では難しいのです。きめ細かく丁寧に対応するという日本企業の特性が大いに出ています。

オリンピックでも団体戦に強い
——日本人の特性3：チームワークが得意であることからメンバーの融和を目指す

日本人がチームワークに優れていることは世界的に知られています。

オリンピックの競技でも比較的団体戦で強いことも、チームワークの日本を象徴しています。

世界には、多くの関係者が参加して臨機応変にチームに貢献することが求められるプロジェクトが多数あります。これらのプロジェクトの責任者や主要メンバーに就任した場合、**「日本人の強みであるチームワークを生かして大いに成果に貢献します」**という発言はＰＲとして世界で受け入れられます。

チーム内の意見調整や融和といった仕事は骨の折れるものです。日本人がチームで発揮してきた実績を、是非とも自己ＰＲに取り入れてみてください。

会議時間前に着席しているのは日本人だけ
——日本人の特性4：時間に正確であることを活用してPRする

さまざまな国際会議で、開始時間の5分前に着席しているのは日本人です。時間ちょうどには来ているのがドイツ人。

その他の人々は三々五々といったことがあります。中には30〜40分遅れても何とも思わない人もいます。

わたしが本業としている研修でも、たとえば中東のある国では、9時から開始の研修において9時の時点では受講生は1人もおらず、9時40分くらいになってようやく開始できたということがあります。

もちろん会議の重要性や種類によって正確性はさまざまですが、日本人が世界でももっとも時間に正確な国民のひとつであることは間違いありません。

では時間への正確性を利用して、どのようにPRすることが可能でしょうか。

第一に、当然といえば当然ですが、**自分の仕事の納期を守ることを自《おの》ずとPRできる**点です。

海外ビジネスでは、納期が守られないことで大変な思いをしたことが多々あるのではないでしょうか。「典型的な日本人なので時間は厳守しますよ」と言って、日本人の特性と自分の強みを繋げていくのです。

第二に、時間の正確性を進捗確認という形で**プロジェクトマネジメントに活用していく**なかでPRしていくものです。

自分の仕事だけでなく、他人の進捗状況を含めて十分に管理していきますといったメッセージでPRしていくのです。

進捗確認は世界のどこでも必要とされる職務です。これを握ることで全体を仕切ることができるので、ビジネス的に優位に立つことができます。

第三に、日本人が時間に正確であることを逆に揶揄《やゆ》することで、**自分が日本人を客観的に見ていることをPRする**方法があります。

第2章でもお話ししたユーモアは、自分や自国を客観的に見て笑い飛ばすことが基本です。

わたしは、以下のような話をして、自分が日本を客観的に見ていることをPRします。

"What do you think is the toughest job in Japan?"
"Being a conductor on a train, because if it is delayed for even a minute people complain."
(日本で一番タフな仕事は何か知っていますか？　それは車掌です。なぜなら1分でも遅れると皆から批判されるから)

世界どこでも、人は自分の属している国や組織を客観的に見ることができる人に好感を持つものなのです。

「独自の文化に触れることができますよ」
──日本人の特性5：伝統文化を大事にすることをPRして関心を引く

日本人は、海外では伝統を大事にするという印象があります。なぜなら西洋化して先進工業国の仲間入りをしても、和食、伝統芸能、神社仏閣などアジア的なものを残していて、その独自性はこれまでの先進工業国の中で際立っているからです。

この点をうまくPRに使っていくことが可能です。

先にお話ししたように日本文化をうまく出して「**自分と付き合うと欧米でも他のアジアとも違う独自の文化について触れることができますよ**」と言ってPRするのです。

わたしの知人の高校生のお嬢さんで、相手国政府の奨学金で英語圏に留学した方がいます。奨学金をもらうためには学校にもホームステイ先にも相手が「この子なら選んでもよい」と思われるくらいにPRをしないといけないのです。

その際の切り札は、「私を留学させると現地の学生が日本の伝統文化を学ぶことができます」というPRだったそうです。このPRのお蔭で見事相手国政府の奨学金に合格。現地の学校で元気に高校生活を送っているようです。

伝統を大事にする点は、アメリカや中南米など近代国家の歴史が比較的短い国（先住民の時代からカウントすると決して短くはないですが）の人と話をする際にPRできます。

世界には1000年以上前の歴史はよく分かっていない国もあります。そのような国で、嫌味にならない程度に日本の伝統や歴史をPRすると効果的です。

▼応用編1：低いと思われている女性の地位を逆手にとって女性の地位向上をＰＲする

ここからは日本の特性を逆手にとるなど、自己ＰＲの応用編についてお話ししたいと思います。

まず、女性の地位の低さです。

日本での女性の地位の低さは、第４章でもお話ししたように、比較的よく出る話題です。そのため十分に自分の意見をまとめておく必要があります。**男性の場合、世界でも通用する意見を言っておかないと、「日本人男性は男女差別的」といった烙印《らくいん》を押されることがある**ので注意しましょう。

今となっては笑い話ですが、以前ある会合で、「日本の女性の地位が低いという概念が欧州では強い」と意見を言ったら、その場にいた欧州の出席者から「事実ではないというのであれば反証をするべき」と厳しい反論をされたことがあります。わたしとしては女性の社会的地位が低いこと自体を否定するつもりはまったくなかったのですが、日本人男性が「日本の女性の地位が低くはない」と発言することは微妙なテーマなのです。結果的に

「マイナス印象を与えたな」と反省しました。

このテーマも、客観的に見ることで逆手にとることができます。日本の女性の社会的地位の低さを客観的に見ているうえに、解決策を提示して自分も実践していることを伝えれば、ＰＲの一部となるでしょう。

たとえば、**皆さんの会社で女性活用について積極的な取り組みをしているのであれば、是非ともその点をＰＲしていただければと思います**。自分のＰＲにも繋がってきます。

また、自宅でイクメンをしておられる方であれば、是非ともその点をＰＲしてください（ただし相当家事や育児をしていないと世界標準にはなりませんが）。

応用編２：西洋と東洋の架け橋としての役割からＰＲする

西洋と東洋の架け橋としての日本というのも、重要なＰＲポイントです。

日本は明らかに東洋のアジアの国です。歴史的、文化的、民族的にその点に疑いを持つ人はいません。

しかし、19世紀末以来アジアで一番初めに近代化・西洋化を成し遂げた国であり、第二次世界大戦後は民主的な政治体制と高度経済成長により、欧米と肩を並べる経済大国になりました。

以前は、サミットと呼ばれていた先進国首脳会議にアジアで唯一日本の首相が入り、欧米の首脳と肩を並べた時代がありました。

民主政治と経済発展を成し遂げた日本は、東洋の中で、例外的に西洋的なものを受け入れたといえるのです。

このような点は海外でのコミュニケーションで大いに活用できるものです。

西洋と東洋、欧米とアジアの中間的な立ち位置により、その架け橋になることをＰＲしていくのです。

多くの国籍の人が参加する会議等では、多くの国や民族を繋ぐ発言をすることが大変に好まれます。

「融和」といった誰もがあまり明確には反対できないテーマを前面に出していければと思います。このような**架け橋の立場を利用して会合の主導権を握ることも可能**です。

また、どのような宗教に対しても比較的寛容である点も、海外にＰＲできる点です。

日本では古代から八百万《やおよろず》の神を崇拝してきました。あらゆるものに神が宿ると考える思考が支配的です。

先日、日本人ほど多様な宗教を受け入れている民族はあまりないのではと思われることがありました。

毎年参加している神戸でのホームレスの方々への炊き出しの会でのこと。

この炊き出しの会（神戸冬の会と呼ばれます）では、毎年その年に亡くなった人への追悼式があります。追悼式ではまずキリスト教の聖書を読んで賛美歌を歌います。次いでお坊さんが出てきて般若心経《はんにゃしんぎょう》を読まれた後に法話がありました。そして各自焼香をしました。

同じ会場で同じ参列者を対象に、キリスト教と仏教の追悼が行なわれているのです。日本人の感覚ではあまり不思議に思わないかもしれません。しかし、複数の宗教の追悼行事が同じ会場で同じ人を対象に行なわれることは、世界ではあまり想像できません。日本人の宗教への寛容性を象徴していると思います。

平均的日本人は、キリスト教ともイスラム教ともある程度距離があります。

国民に占めるキリスト教徒の割合は、各種統計によって違いがありますが、数％程度とされています。これは近隣のアジアと比べても低い数字です。

結婚式をキリスト教式で行なう日本人は多く、また街を歩くとキリスト教の教会を見ることも少なくありません。クリスマスを祝うことは日本社会では一般化しています。

しかし、キリスト教の教義を理解して意図的に実践している日本人の割合は、大変に低いのです。

イスラム教についてはさらに少なく、イスラム国からの移住者を除くと、統計にもよるのですが1万人程度とも言われています。

宗教は内面的な価値観であり、誰がどの宗教を信仰しているかは本当のところ分かりません。

しかし、世界的に見てキリスト教徒もイスラム教徒も少ないこと、少なくとも社会の主流を占めていないことは、これらの二大一神教の対立を緩和する役割としては適切です。

仏教徒やヒンドゥー教徒が多いアジアを別にして、その他の国々は大体がキリスト教国かイスラム教国に分かれます。ユダヤ教国家であるイスラエルがありますが、その他の国は大体がキリスト教かイスラム教のいずれかの宗教の人口が全人口の3割前後を超えて、社会で主流となっていることが多いのです。

しかし、日本にはそのような制約はありません。

そのため、**宗教的な対立がほぼない日本は、キリスト教ともイスラム教とも一定の距離があるので、日本人の中立性や寛容性を強調してさまざまな紛争の解決に貢献できる**という点をPRすることが可能です。

終わりに——グローバルコミュニケーションで成功するたったひとつのルール

本書をここまで読み進めていただき、誠にありがとうございました。

さて、最後にこれまでのグローバルコミュニケーションのプロトコールをすべて取りまとめて、たったひとつのルールとしてお伝えしたいと思います。

このルールを守ることで、確実にグローバルに活躍するためのベースができると思います。

▼子供時代に見聞きした差別問題や偏見

その前に、私事についてお話しすることをお許しください。

わたしが生まれ育ったのは、大阪と神戸の中間にある兵庫県西宮市です。甲子園球場があることで知られています。山も海も徒歩圏という自然豊かなところで育ちました。子供のころ、1970年代前半にはまだ田んぼや空き地がたくさんあり、そこで友達と遊ぶことが楽しみでした。

このように自然に恵まれた環境で育ったわたしですが、ある特定のテーマには極めて早熟でした。

「異性関係？」

「夜遊び？」

「ゲーム？」

いえいえ、いずれでもありません。

答えは、「差別と人権問題」です。

関西には在日韓国・朝鮮人や中国人の人々が多数在住していました。またいわれなき差別を受けている人と出会う機会も多数ありました。

「○○人とは取引しない」「○○の人とは付き合うな」といった言葉が、大変残念なことに1970年代の関西の一部の大人の会話の中では、まだ一般的でした。

このような周りの大人の発言に、徹底的に反論・反抗したのが、小学生時代のわたしです。

「何人《なにじん》でも差別なんかあったらあかん。そんな発言断固として許さない」

周りの大人との言い争いは常に差別や人権問題でした（逆に「勉強をしなさい」と言われて言い争ったことは一度もありません）。

小学校3～4年生くらいからこんな調子であったと記憶しています。

今から振り返っても大変に変わった子供だったと思います。

しかし、当時から多くの年月が経ちグローバル人材の仕事に関わるようになって、根底にある問題意識は共通していることが徐々に分かってきました。

グローバルに活躍するにはどんな国籍・民族・宗教でも相手に対して偏見を持たないことが大前提になるからです。

▼エジプトの下宿先で働いていたメイドさんはどこで寝ていたのか

時間を一気に飛ばします。

外務省入省後、23歳になって初めて住んだ外国はエジプトでした。

エジプトでは、下宿をしました。エジプト文化やアラブ人の思考を知るためには下宿が一番と疑わなかったからです。ナイル川のほとりのマンションに住んでいる老夫婦の家でした。一室はもらいましたが、バスルームや台所などはすべて共用。朝晩の食事は下宿先で食べるという完全な共同生活です。

そこにスアードさんというお手伝いがいました。ナイル川の流域にあるデルタ地方の農村出身の彼女は小さい時に夫婦に引き取られて、今お手伝いとして働いている家で育ったそうです。

学校にはほとんど行っておらず、文字は読めません。日本人の感覚では文字が読めないということはほとんど考えられないのですが、ここエジプトではまだまだ一般的だったのです。

食事、清掃、洗濯……。

これらをすべてしてくれたのが彼女でした。

下宿してしばらくして、あることに気付きました。

「スアードさんが普段どこで寝ているのか」が分からないのです。家の中の部屋の構造は、そこに住んでいる以上分かっていました。どうしても彼女の部屋が見つかりません。

「通いのお手伝いさんではなく住み込みであることは間違いないのに変だな」と思ってい

ました。

そして、ある晩真っ暗な廊下を歩いている時に人にぶつかって初めて分かりました。スアードさんは廊下に寝ていたのです。いや寝かされていたといったほうがよいかもしれません。

「なんという非人道的な扱いか」と心底怒りました。しかし、エジプトでは激烈な貧富の差があるのです。ナイル川流域の貧しい農村から拾われたお手伝いにとっては、食事ができるだけでも満足しなくてはいけないのでしょう。

このような非人間的な扱いを受けて、心根が腐ってしまってもおかしくないと思います。しかし、仕事ぶりは極めて誠実かつ真面目でした。

何事も一生懸命です。さらに、大変に陽気なのです。

わたしの当時の仕事は、アラビア語の習得でした。エジプトの滞在中一番アラビア語で話をしたのは、スアードさんであったと思います。逆に言えば、アラビア語ができたので、読み書きのできないエジプト人とも会話を交わすことができたのでした。

このように、現地語ができることは大変に重要なのです。

このスアードさんとの同じ屋根の下での生活から学んだことは、たくさんあります。

第一に、人間の誠実性や正直さは、その人の出自や経歴（学歴や職業）では測ることができないということです。

十分な教育を受けていない貧しい人というと、一般的には一緒に住むことに躊躇するかもしれません。自分のものを盗んだり、あるいは何となく信頼できないという感覚を持つでしょう。

しかし、スアードさんは誠実かつ正直そのもので、何の不安もありませんでした。実際、自分の部屋を日常的に掃除してくれていましたが、わたしのものが何か盗まれたりといったことは一切ないことはもちろん、嘘をついたとか騙されたということもありません。

人間を見る際に、会社や仕事や学歴といった経歴を中心に見ることは問題があることが分かりました。

第二に、**自分が相手を好きになれば相手も自分を好きになってくれる**という法則を改めて感じました。

毎日さまざまな世話をしてくれるわけですから、嫌いになるはずはないのです。相手への好感や尊敬の念というものは、海外においても大変に重要です。

第三に、エジプトにおけるすさまじい貧富の差です。日本でも貧富の差はあり、その違いをいちおう理解していたつもりでした。しかし、その理解をはるかに超える貧富の差があることです。同じ民族でも別世界で生活しているのです。理解を超える世界に対する想像力から、相手の考えを洞察することの重要性を学びました。

アフリカで感じた人類の同根性

2013年2月にケニア・ナイロビの博物館に行った時のこと。「ここは人類発祥の地」というタイトルで、人類の歴史についての展示がありました。現人類がアフリカを発祥の地としており、少数の元祖現人類がアジアやヨーロッパ、アメリカへと移住していったのです。

現在人種が違うと肌の色や顔かたちなどが違うので、人類といっても相当な違いがあるようにわれわれは思ってしまいます。

しかし、元々の先祖は同じアフリカの出身なのです。この点は人類学者の間ではほぼ合意が取れています（アリス・ロバーツ著・野中香方子《のなかきょうこ》訳『人類20万年遙かなる旅路』文藝春秋）。読者の皆さんも、わたしも、実は先祖を辿《たど》るとアフリカなのです。

「ではなぜここまで外見が変わったのか」

と思われるかもしれません。

それは、長い年月を経て、気候に順応していったためです。

暑い地域に住んでいると、太陽光が厳しいことがあり、肌の色は黒くなります。一方で寒い地域に住むと逆に白くなるのです。

人類学的には、ＤＮＡなど遺伝子上の違いは極めて小さく、人類は人種が違っても極めて近い同類です。

人種差別が今もありますが、差別している人種と差別されている人種とは、実は遠い、遠い親戚である可能性が高いのです。数万年に及ぶ他地域での生活のため、たまたま顔かたちや生活習慣、経済レベルが変わったのです。

「人種が違う」というと何となく「大変に違った人間だ」と思ってしまうかもしれません。しかし、決してそのようなことはなく、人類史的には同根なのです。

国家や国籍は流動的な存在

国境問題や経済協定など、国家間の紛争が絶えません。

われわれは現在ある国家の存在を何か当然の前提のように捉えています。

本当にそうでしょうか。

世界に目を転じれば、国家というのは極めて流動的です。この20年余りの間でも、旧ソ連や旧ユーゴスラビアが分裂して多数の国家が独立しました。エリトリア、南スーダンといった国も分離独立を果たしました。一方でヨーロッパではEUという形で国家統合が進んでいます。わたしは、**国家というのは統治機構の枠に過ぎない**と思っています。

もちろん、民族の固有の文化や伝統を守っていくことは重要だと思っています。また国民一人ひとりの生活や安全を国家機関が守ることは重要でしょう。

しかし、国家や国境というのは、歴史的に見れば流動的なものなのです。

また、国籍も流動的なものです。

日本でも帰化という仕組みはあります。ドナルド・キーン氏が日本に帰化したことは大きなニュースになりました。その他にも、日本に長く住んでいる外国人で帰化する人がいます。

世界の多くの国では、二重国籍が認められています。二つ以上の国籍を持つことはさほど珍しくありません。たとえばニュージーランドでは二重国籍を持つ優秀な人材を多数政府高官として採用・登用しています。

ビジネスが国境を超えて展開することが当然の時代です。国家の枠をあまり強く捉えすぎないほうが、ビジネスとしては明らかにメリットがあります。

国家の枠や国家の利益を考える前に、地球全体の利益をまず考えるべきというわたしの考えは、このような視点から強まりました。

▼わたしのビジョンは、地球益を実現できるグローバルリーダーの育成

「山中さんのビジョンは何ですか」

としばしば聞かれます。

外務省を辞めて独立して、小さいながらも会社を経営している人間はさほど多くないこ

ともあり、一体何を目指しているのかと思われるのでしょう。

その質問に対する答えが、近年固まってきたように思います。

それは、**「国籍、民族、宗教の違いを超えて、地球益を実現できるグローバルリーダーの育成をお手伝いすること」**です。

私利私欲ではないことはもちろんのこと、狭い国益や組織益でもなく、まず地球全体の利益を考えるグローバルリーダー。そのようなリーダーの育成を支援することが、わたしのビジョンです。

地球益の実現には、貧困や環境問題、民族や宗教の紛争回避などの地球規模の利益追求に加えて、自分の利益よりも全体最適の利益を追求する倫理観のあるリーダーの姿勢を含んでいると考えています。貧困や紛争・戦争、汚職などの政府の機能不全は、リーダーの私利私欲から生じているように思えてならないのです。

論語では40歳を不惑と呼びますが、わたしは40代も半ばを過ぎてようやく不惑になったと感じています。

過去に公務員の人事改革に注力して、著書も数冊書かせていただきました。公務員が地球益どころか狭い国益や省益、既得権益に執着していることへの強い問題意識が根底にありました。

地球益の実現という時に、謙虚でチームワークを重視する西洋と東洋の架け橋的な日本人の行動や思考形式は、大変にプラスになると考えています。

日本人の特性を生かして、地球益に貢献するリーダーを育成するため、世界に訴えていきたいと思っています。そのためには、わたしはまだまだ未熟者です。

しかし、将来は地球益に貢献できるグローバルリーダーシップについて、世界各国で末永く読んでいただける英語の本を必ず書こうと決意しています。

▼たったひとつのルールを守ると世界が開ける

最後に、これらの経験を基に、わたしはたったひとつのルールをお話ししたいと思っています。

それは、相手の
国籍が違っていても、
人種が違っていても、
民族が違っても、

文化や習慣が違っても、
宗教が違っても、
貧富の差があっても、
学歴や学力に差があっても、
男女の差があっても、
年齢の差があっても、
職業が何であっても、
都市の出身でも農村の出身でも、

「相手を尊敬する」ことです。
少なくとも尊敬しようとする思いを持つことです。
当たり前のことのようで、わたしたちは必ずしもできていません。
このことができるだけで、グローバルコミュニケーションは大きく進みます。

本書を執筆するに関し、大変に多くの方にお世話になりました。

エジプトやサウジアラビアでお世話になったアラブ人や駐在外国人、英国ケンブリッジ大学時代の教員・学友や同窓生、リンダ・ジェイミソン氏をはじめイナモリフェローとして研鑽を積んだ米国ＣＳＩＳ（戦略国際問題研究所）の皆さま、スティーブ・ヤング氏をはじめ経済人コー円卓会議に参画されている世界各国の経営者・学者の方々、グローバル人材育成研修ワークショップにおいて累計1万に上る質問をしてくださったビジネスリーダーの皆さま、大前研一《おおまえけんいち》学長及び共にグローバルビジネスについて教えを受けたビジネス・ブレークスルー大学院の仲間、稲盛和夫氏及び盛和塾の塾生経営者仲間、東京大学の大沼保昭教授、松繁寿和教授をはじめ国際公共政策博士号取得の際にご指導いただいた大阪大学の先生方、外務省・日本総研時代の元同僚、スピーチとリーダーシップを共に学んでいる世界的組織トーストマスターズクラブのメンバー、桂出丸師匠及び共に落語を学んでいる東梅田落語倶楽部の仲間などあげればきりがありません。

特に、元大阪大学教授でケンブリッジ＆オックスフォードの会関西の会長でもあるスティーブ・ボイド氏には、日本と英国での長年の経験を基に英語表現を含め貴重なご助言と示唆をいただきました。また、海外ビジネスに知見の深い上田輝彦氏（ＷＩＰジャパン代表取締役会長）からは常に多くのご助言をいただき、同社スタッフには巻末英語表現についてご協力をいただきました。

また、執筆にあたり個別に取材や照会をさせていただきました。
心より御礼申し上げます。
いずれも人数が多いために個別のお名前を書くことができない点を何卒ご容赦ください。
もっとも、本書におけるいかなる事実誤認やミスも筆者の責任であることは言うまでもありません。

本書執筆のきっかけは、出版についてご助言をいただいているエリエス・ブック・コンサルティング代表取締役社長の土《ど》井《い》英《えい》司《じ》氏による紹介でした。土井氏には本書の内容面を含め大変にお世話になりました。また、祥伝社書籍出版部の皆さまには、企画段階から執筆・校正・編集にいたるまで多大なご尽力をいただきました。心より感謝申し上げます。

最後に、公私共にパートナーであり本書の内容面にもアドバイスをくれた妻と最近世界の動きに関心が出てきた高校生と中学生の子供たち、そして自由を尊重して育ててくれた天国の両親に感謝して終わりたいと思います。

最後までお読みくださり誠にありがとうございました。

anime is popular in China. On the individual level and the people level, I don't think that Japan's relations with China and Korea are that bad.
——また、日本では過去10年くらい韓国のテレビ、ドラマは人気がある。日本のアニメは中国で人気がある。民間・個人レベルでは日中、日韓の関係はそこまで悪いとは考えていない。

Historically, Chinese culture has greatly influenced Japan, including Japan's adoption of Chinese characters. Also, between the 4th and 7th centuries, a great many people travelled from China and the Korean peninsula to Japan and contributed to the formation of Japanese culture. These and other historical facts show a very close relationship with these countries since ancient times.
——日本は歴史的に漢字をはじめ中国文化の多大な影響を受けてきた。また、4世紀から7世紀ころには、中国や朝鮮半島から多数の渡来人が日本に来訪して日本文化の形成に貢献するなど古来から関係は深い。

◎日本人はなぜ建前が多いのか、本音を話さないのか

Since Japan is surrounded by the sea, there was little need to communicate with foreigners in ancient times. As a result, communication developed based on conversations with other Japanese. Japanese society is highly homogeneous, and strong ideas and opinions are not appreciated, as reflected in the Japanese proverb "the nail that sticks out gets hammered in."
——日本は周囲を海に囲まれており、古来外国人とのコミュニケーションをする必要性が少なかった。そのため日本人同士、日本に住んでいる者同士の会話が発展した。同質性が高い日本社会では「出る杭は打たれる」ということわざがあるように、強い主義主張は好まれない。

As a result, Japanese people often reply in a vague way, without definitively stating anything.
——その結果、明確に主張せずあいまいな回答をすることが多くなった。

◎天皇について日本人はどのように見ているのか

In comparison to Japan's overall history, the period of time that the Emperor of Japan held substantial political power was only very short. The role of the emperor is now symbolic.
——天皇は日本の歴史上実質的な政治的権力を有したのは、わずかな期間しかない。日本の象徴的な役割を担ってきた。

Many Japanese respect the current emperor for actions demonstrating his devotion to the Japanese people, such as his visits to disaster areas. On the other hand, there are also some Japanese with a low opinion of the Emperor system, associating it with pre-war Japanese imperialism.
——災害地への訪問など今上天皇の国民への献身的な行為に対し、敬意を持っている日本人が多い。一方で戦前の日本帝国主義と結びつけて天皇制に対してよく思っていない日本人もいる。

◎中国や韓国とはなぜそんなに関係が悪いのか

Political relations between Japan on one hand and China and Korea on the other are becoming colder due to careless remarks regarding territorial disputes and World War II. Also, some thoughtless Japanese direct hate speech at Korea and other countries, contributing to Japan's social problems.
——確かに政府間では、領土問題や第二次大戦に関する不用意な発言によって関係が冷却化している。また一部の心無い日本人が韓国等に対するヘイトスピーチを行っており社会問題化している。

However, business relations with these countries are developing in areas where both sides mutually benefit, and are still better than political relations.
——しかし、ビジネス上の関係は、ビジネスの相互利益のある限り拡大をしており、そこまで悪化してはいない。

In addition, Korean television programs and dramas have been popular in Japan for the past decade or so, and Japanese

the overseas market, and the 2020 Tokyo Summer Olympics is seen as an opportunity to help the economy grow.
——海外に関心の高いコミュニケーション力のある若い起業家やビジネスパーソンも育ってきている。東京オリンピック開催決定を機に、海外に目を向けた日本経済の成長を期待している。

◎女性の地位の低さ

Japan ranks low among developed nations when it comes to the number of women who hold leadership positions, such as corporate executives and lawmakers.
——企業の経営幹部や議員など社会の指導的立場にある女性の比率は確かに先進国の中では高くはない。

Reasons for this include the fact that it is difficult for women to work for Japanese companies since a lot of overtime work is required, low awareness regarding the utilization of female workers by male employees, and the fact that female homemakers receive preferable treatment through tax breaks and other benefits.
——原因には残業が多い日本の会社で女性が働きにくい、男性社員に女性社員を活用しようという意識が低い、専業主婦が税制面などで優遇されている、がある。

In order to move past these issues, reforms are needed, such as changing how both men and women work, setting ratios for how many men and women serve on company boards, and an election quota system: for example, a system that assigns a certain percentage of candidate positions to women in proportional representation elections.
——これらの点を克服するには、男女ともに働き方を変えることや取締役比率の目標設定や選挙におけるクオータ制（たとえば比例代表選挙で候補者の一定割合を女性に割り当てる仕組み）などの改革の実現が必要である。

松下幸之助をはじめ創造性のある起業家の存在、経営者に協力的な勤勉な訓練された労働者の存在が日本を先進国に押し上げた。

◎日本の今後の経済成長への見込み

Of course, the Japanese economy has stopped growing, with what we call the two lost decades. I believe there are various reasons for this, including Japanese companies lagging behind in globalization, business people who don't work at developing their abilities, and wasteful government spending due to a lack of fiscal restraint.
——確かに失われた20年とも言われるくらい日本経済の成長は止まっている。企業のグローバル化が遅れていること、能力開発に取り組まないビジネスパーソン、弛緩した財政規律による行政の無駄使いなどさまざまな理由があると考える。

I'm not optimistic about Japan's economic future. Companies need to innovate, taking on the whole world as their market. And business people currently content with how things are have to further develop their skills and knowledge. Then the government, too, needs to truly commit to reducing the national debt, which is a staggering amount at twice the GDP.
——日本経済の将来については楽観視していない。企業が世界を市場として捉えて勝負するイノベーションが必要である。現状に甘んじているビジネスパーソンの能力開発を進めるべきだ。また、GDPの2倍という巨額の国家債務の削減に政府は真剣に取り組むべき。

The Japanese economy can only start growing again once it has completely overcome these issues, because the Japanese are by nature an industrious people.
——もっともこれらを克服した後には、元来勤勉な国民性なので日本経済が再び発展する可能性がある。

Japan is also training young entrepreneurs and business people in communication skills and giving them a keen interest in the world beyond Japan. The Japanese economy is focusedon

たの国の料理では○○が好きです。あっさりとした味わいが日本料理に似ているからです。

◎その国の年中行事を教えてもらう

What is the biggest yearly celebration in your country?
——国民が一番祝う行事は何ですか。

In Japan, the biggest yearly celebration is New Year. Family members normally get together and spend New Year's Eve and New Year's Day together, and might visit a shrine or temple at the start of the new year.
——日本ではお正月で、家族が集まり大晦日や元旦を一緒に過ごし初詣でに行くこともあります。

【日本人として知っておくべき日本の６つの話題】

◎日本はなぜ経済成長できたのか

Even in the feudal times of the Edo period, temple elementary schools implemented education for common people, bringing Japan's literacy rate to nearly the highest in the world during the beginning of the Meiji period. Higher education institutions such as universities have been established throughout Japan since the Meiji period. I think this significantly contributed to the growth of Japan's modern economy.
——封建時代の江戸時代でも寺子屋が庶民教育を実施しており、明治初期で識字率は世界最高に近いレベルであった。明治以降は全国に大学など高等教育の学校が設立された。この点が近代日本の経済成長に大きく寄与したものと考える。

Industries such as electric and automotive are what drove Japan's economy forward after World War II. Having both creative entrepreneurs, such as Konosuke Matsushita, and diligently trained workers who cooperated with management is what turned Japan into a developed nation.
——第二次大戦後は、電機、自動車などの工業が経済をけん引した。

——週末をどのように過ごされていますか。スポーツと文化的活動のどちらが好きですか。家族と過ごされるのですか。

◎長期休暇の過ごし方を質問する

What do you do during extended vacations, including summer vacations? In Japan, I enjoy the cool climate of Hokkaido and visit the region basically every summer.
——夏季休暇など長期の休暇はどのように過ごされていますか。わたしは日本の中では涼しい北海道が好きで夏は毎年のように行っています。

◎相手の出身地を聞く

Which area are you from?
——出身地はどちらですか。

Oh really? That area is well-known for its beautiful scenery.
——（相手の回答に対して）へえ、美しい景色で有名なところですね。

◎海外渡航の経験を聞く

Have you ever been to Japan? Which countries in Asia have you travelled to? Which of them did you like?
——日本に来たことがありますか。アジアではどちらに行きましたか。アジアの国の中ではどこが良かったでしょうか。

Of the countries I have been to, I liked Israel the most. It's holy ground in Christianity, Judaism, and Islam, and is also richly cultural, with its art and music, so offers a lot to learn about.
——わたしは、自分が行った国の中ではイスラエルが好きです。なぜならキリスト教、ユダヤ教、イスラム教の聖地であることに加え、音楽、美術など芸術も盛んであるから多くの学びがあるからです。

◎食べ物について質問する

Of your national cuisine, what are your favorite dishes? I happen to like XX. It has a light, clean flavor similar to what you find in Japanese cuisine.
——自国の料理の中で、どの料理が好きですか。わたしは、あな

play this sport yourself?
——一番盛んなスポーツは何ですか。子どもたちが将来なりたいプロスポーツ選手は何ですか。実際にそのスポーツをされますか。

◎教育の現状について質問する

Japan's 12-year education system consists of six years of elementary school, three years of junior high school, and three years of high school. How about here?
——日本の教育は６・３・３制ですが、こちらではどうですか。

Which subjects and activities are emphasized in elementary school and junior high school? Do children also attend cram schools or other outside schools?
——小学校、中学校ではどの科目や活動が重視されていますか。子どもたちは塾などに行くのでしょうか。

How difficult are university entrance examinations? Which university major is popular?
——大学入試はどの程度大変ですか。大学で人気のある学部はどこですか。

How difficult is it to graduate from university? What industries are popular with future graduates who will eventually be looking for work?
——大学卒業はどの程度大変ですか。学生の就職先として人気なのはどこですか。

◎相手国内の観光地について質問する

What are the popular sightseeing locations in this country, and which ones do you suggest visiting?
——こちらの国で人気の観光地はどこですか。どこの観光地がお勧めですか。

◎週末の過ごし方から趣味の話に広げる

How do you spend your weekends? Do you prefer sports or cultural activities? Do you spend time with your family?

Considering these achievements, I am very honored to meet you, Mr./Ms. XX.
——このような実績のある○○さんにお会いできて大変に光栄です。

I know them from ○○. I expect they are here at this party. Let me look for them and introduce you.
——○○会社の方なら知っていますよ。今回のパーティーにも来ているはずなので、探してご紹介しましょう。

We meet again.
——（パーティーなどで）またお会いしましたね。

【適切な会話の10個のネタ】

◎相手の文化や歴史について質問する

I have respect for your country's long history. With its long history and heritage, how did your nation successfully modernize?
——長い歴史を持っていることに敬意を表します。このように長い歴史や伝統を持ちながら近代化にも成功したのはなぜでしょうか。

Is the influence of your country's old colonial power, XX, still strong when it comes to business practices?
——宗主国である○○の影響はビジネス上の習慣において今でも強いのでしょうか。

Over the XX years since becoming independent, has your country experienced any major changes?
——独立後○○年が経過して、大きな変化がありましたか。

◎その国で流行っているスポーツについて質問する

What is the most popular sport in your country? What professional sport do children in your country aspire to? Do you

As one would expect, the people of Japan are deeply concerned about issues surrounding the Fukushima Daiichi Nuclear Power Plant incident. I myself feel that if ruling-party politicians were honest about how they felt, there would be a considerably larger number who at heart opposed to the reactivation of Japan's nuclear power plants, a high-risk undertaking. However, many of these politicians cannot say that they are against the high-risk reactivation of nuclear power plants because they are concerned with keeping their supporters happy.
——福島第一原発問題は、当然日本国民も大いに関心があります。あくまでも個人の推測ですが与党政治家の中でも本音では危険な原発再稼働に反対の人は相当数に上るはずです。しかし、自分の選挙を応援してくれた人への返礼から原発再稼働反対とは言えないのです。

第3章 会談・商談の３つの基本プロトコールと10の技術

▶会談・商談の技術４：名刺はさり気なく渡す

May we exchange business cards?
——名刺交換させていただいてよいでしょうか？

第4章 会食・パーティーを盛り上げる10の技術とすべらないネタ

▶会食・パーティーの技術１：立食パーティーでは目的を明確化して積極的に動く

I am (My name is) Toshi Tanaka.
How do you know the host?
What kind of business do you do together?
——わたしはタナカトシです。主催者とはどのような知り合いですか？主催者とはどんなお取引をされていますか？

rice, rice mold, and water. In addition to Japanese dishes, sake goes well with other Western, and Asian, dishes. In France and some other countries, sake is consumed as a type of white wine.
――日本酒は米と麹と水を原料とする日本独自の酒で、日本料理の他、西洋料理やアジアの料理との相性も悪くありません。フランスなど海外では白ワインの一種のように飲まれていることもあります。

Soccer is also extremely popular in Japan. Arthur Antunes Coimbra, better known as Zico, is a very popular leading soccer coach in Japan. Soccer greats Pelé, Ronaldo, and Ronaldinho are also well-known in Japan. Many Japanese are interested in the World Cup, with young people going out into the streets to celebrate in the excitement.
――日本でもサッカーは大変に人気があります。ジーコは日本代表の監督も務めたことで大変に有名です。ペレ、ロナウドやロナウジーニョは日本でもよく知られています。多くの日本人はワールドカップに関心を持っており若者は街で大はしゃぎします。

▶世界標準自己ＰＲ技術４：ジャパンプレミアムを活用する

Although relations between Japan and Korea are said to be bad, this opinion is based on diplomatic relations, and not necessarily on the relationship between the people of Japan and Korea. In particular, there are many Korean actors that Japanese women are crazy about. And Akie Abe, wife of Japanese Prime Minister Shinzo Abe, is known to love Korean movies and dramas. There are also many business people bewildered by the deteriorating diplomatic relations between Japan and Korea.
――日本と韓国は仲が悪いと言われていますが、それは政府間の話で国民の間では必ずしもそうではありません。特に日本人女性で韓国の俳優に熱を上げている人はたくさんいます。安倍首相夫人の昭恵さんも韓国の映画やドラマは大好きということで知られています。政治外交上の日韓関係を悪化させていることに困惑しているビジネスパーソンも多くいます。

I am a financial expert and frequently contribute to financial magazines.
——わたしはファイナンスの専門家で経済雑誌に頻繁に寄稿しています。

I am a semi-conductor engineer and also hold a PhD.
——わたしは半導体のエンジニアで博士号ももっています。

I a an automobile salesperson and ranked first in sales last year in Japan.
——わたしは自動車の販売員で昨年日本で一位の売り上げを上げました。

I am a married mother of two children, and have recently created an e-commerce website on which I plan to offer miscellaneous goods from overseas in the future.
——わたしは2人の子供がいる主婦ですが、最近ネット販売のサイトを作り今後海外からの雑貨品を扱う予定です。

As a cosmetics salesperson, my dream is to get as many women as I can looking beautiful.
——わたしは化粧品の美容員で、多くの女性を美しくすることが夢です。

「自分は○○の専門性があるのであなたに△△の分野において貢献できます」という点をうまくPRする。

The project has made a profit of 500 million yen since it started.
——新規プロジェクトを立ち上げて、5億円の利益を出した。

Research on XX was conducted at XX. The research results were then presented at an academic conference.
——○○研究所で△△について研究して、学会で発表した。

▶世界標準自己PR技術3：趣味などを活用して個性を思い切り出す

Sake is an alcoholic beverage, unique to Japan, made from

【巻末付録】

世界標準の仕事プロトコール 英文サンプル

本文に出てくる自己紹介やスピーチの実際の例を英文で言うとどうなるか、サンプルをWIPジャパン株式会社の英語ネイティブを含む皆さんのご協力を得て作りました。
参考にしてみてください。(著者)

第2章 自己PRの3つの黄金ルールと10の技術

▶世界標準自己PR技術1：自信があるように見せる

議論や質問内容を事前にシミュレーションしておく

Thank you very much for your presentation. I learned a great deal from it and would like to hear more about some of the points that you addressed.
——プレゼンテーションありがとうございます。大変に学びがありました。いくつかのポイントについてもう少し説明頂けるでしょうか。

Although I generally agree with you, I would like to clarify some points.
——概ね賛成ですが、いくつかの点について確認したいと思います。

▶世界標準自己PR技術2：自分が「何者でありどんな専門性があるか」を一言で言う

会社名や所属は名刺を渡せば済むのです。そんなことは後回しにして職務内容や専門性の話をしましょう。

I am a trainer for business executives and own my company.
——わたしはビジネスエグゼクティブのトレーナーであり、自分で会社を持っています。

切りとり線

★読者のみなさまにお願い

この本をお読みになって、どんな感想をお持ちでしょうか。祥伝社のホームページから書評をお送りいただけたら、ありがたく存じます。今後の企画の参考にさせていただきます。また、次ページの原稿用紙を切り取り、左記編集部まで郵送していただいても結構です。

お寄せいただいた「100字書評」は、ご了解のうえ新聞・雑誌などを通じて紹介させていただくこともあります。採用の場合は、特製図書カードを差しあげます。

なお、ご記入いただいたお名前、ご住所、ご連絡先等は、書評紹介の事前了解、謝礼のお届け以外の目的で利用することはありません。また、それらの情報を6カ月を超えて保管することもありません。

〒101―8701（お手紙は郵便番号だけで届きます）
祥伝社　書籍出版部　編集長　岡部康彦
電話03（3265）1084
祥伝社ブックレビュー　http://www.shodensha.co.jp/bookreview/

◎本書の購買動機

＿＿＿＿新聞の広告を見て	＿＿＿＿誌の広告を見て	＿＿＿＿新聞の書評を見て	＿＿＿＿誌の書評を見て	書店で見かけて	知人のすすめで

◎今後、新刊情報等のパソコンメール配信を　　希望する　・　しない
（配信を希望される方は下欄にアドレスをご記入ください）

@

※携帯電話のアドレスには対応しておりません

100字書評

日本人の9割は正しい自己紹介を知らない

住所

名前

年齢

職業

日本人《にほんじん》の9割《わり》は正《ただ》しい自己紹介《じこしようかい》を知《し》らない
—世界標準《せかいひようじゆん》の仕事《しごと》プロトコールの教科書《きようかしよ》

平成26年6月10日　初版第1刷発行

著　者　山《やま》中《なか》俊《とし》之《ゆき》

発行者　竹内和芳

発行所　祥《しよう》伝《でん》社《しや》

〒101-8701
東京都千代田区神田神保町3-3
☎03(3265)2081(販売部)
☎03(3265)1084(編集部)
☎03(3265)3622(業務部)

印　刷　堀内印刷

製　本　関川製本

ISBN978-4-396-61495-9 C0030　Printed in Japan
祥伝社のホームページ・http://www.shodensha.co.jp/